__BAUSTELLE
DEMOKRATIE

Band 1

Die vorliegende Publikation beinhaltet Vorträge und Diskussions-
beiträge eines Symposiums, welches am 26. Mai 2018 in Dresden
stattfand. Veranstalter war die Sächsische Akademie der Künste in
Kooperation mit der Stiftung Frauenkirche.
Die Beiträge beruhen im Wesentlichen auf den Wortmeldungen
des 26. Mai 2018.

Herausgeber:
Holk Freytag für die Sächsische Akademie der Künste
Redaktion:
Dorothee Wagner

Sächsische Akademie der Künste
Palaisplatz 3, 01097 Dresden
www.sadk.de

© 2018 Sandstein Verlag, Dresden

Gestaltung:
Simone Antonia Deutsch, Sandstein Verlag
Herstellung:
Sandstein Verlag, Dresden

ISBN 978-3-95498-456-5
www.sandstein-verlag.de

Die Deutsche Nationalbibliothek verzeichnet diese Publikation in der
Deutschen Nationalbibliografie; detaillierte bibliografische Daten sind
im Internet über http://dnb.dnb.de abrufbar.

Sächsische Akademie der Künste

GESPALTENES LAND

Brauchen wir einen neuen Gesellschaftsvertrag?

Dresden 2018

___ INHALT

Ansätze in der Politik – Statements

Holk Freytag

___ VORWORT

Als ich 1986 zum ersten Mal in Dresden war und aus dem der Frauenkirche gegenüber liegenden Café stundenlang auf die Ruine gestarrt
habe, die Jahrzehnte lang als Fluchtpunkt der Dresdner Erinnerungskultur diente, hätte mir niemand glaubhaft erzählen können, dass wir
32 Jahre später an genau diesem Ort darüber debattieren müssen, ob
wir nicht einen neuen Gesellschaftsvertrag bräuchten. Nun ist der
Jubel über die Wiedervereinigung verklungen, die Frauenkirche längst
wieder aufgebaut, aber unser Land scheint heillos zerstritten. Aus
einem übergeordneten Blickwinkel betrachtet, erscheint es mir, als
seien wir im Begriff, die historische Chance eines Neubeginns zu ver-
spielen.

Unser Land ist trotz sprudelnder Steuereinnahmen in keinem guten
Zustand. Längst stimmt es nicht mehr, dass nur sozial und wirtschaft-
lich unterprivilegierte Menschen sich dem Populismus verschreiben;
es stimmt auch längst nicht mehr, dass nur sogenannte ›bildungsferne‹
Schichten – was für eine Wortschöpfung! – den Rechtspopulisten nach-
laufen. Wir müssen anerkennen, dass der Bazillus, den Kurt Schuma-
cher im Februar 1932 so trefflich den »dauernden Appell an den inneren Schweinehund im Menschen« nannte, längst wieder in der Mitte
der Bevölkerung angekommen ist. Wie anders wären die Wahlerfolge
der AfD, aber auch das ungestörte Handeln des NSU über ein volles
Jahrzehnt zu erklären?

Wir leben in einem Land, das kürzlich als das beliebteste Land der Welt gekürt wurde. Es ist ein reiches und weitgehend friedliches Land, aber immer noch hat Heinrich Heine Recht, der meinte, in Deutschland verkomme Nationalgefühl stets zu einer Abneigung gegen alles Fremde. Wir erleben im öffentlichen Raum eine Sprachverrohung, die besorgniserregend ist, weil sie demokratischen Konsens aufkündigt. Noch vor zehn Jahren wäre es nicht denkbar gewesen, im Rahmen einer genehmigten politischen Versammlung ganz ungeniert den Tod der Regierungschefin zu fordern. So geschehen unter anderem in Dresden. Aber Dresden ist nicht nur Pegida, Dresden ist vor allem ein Schrein der Kultur. Und deshalb sei gerade in Dresden an den Satz des amerikanischen Politikwissenschaftlers Francis Fukuyama erinnert: »Liberalismus ist eine rationale Lösung für das Regieren inmitten von Vielfalt.« Die Grenzen abzuschotten hieße, den Versuch zu unternehmen, sich in das Goldene Zeitalter zurückzuziehen – das es aber nie gegeben hat!

Terror, Entmenschlichung und Ausbeutung der Erde haben ein Ausmaß erreicht, das wir uns vor wenigen Jahren noch nicht vorstellen mussten. Die Parameter unseres bisherigen Denkens scheinen nicht mehr zu greifen.

Jahrzehntelang haben wir uns mit dem pragmatischen Weg der Sachzwänge abgefunden, haben es als einen kabarettistischen Ausrutscher betrachtet, dass ein amtierender Bundeskanzler Visionäre zum Arzt schicken wollte, haben die Entwicklung von Utopien als Sozialromantik abgetan und haben den Euro zum sinnstiftenden Instrument europäischer Identität hochstilisiert. Das musste fehlschlagen, weil Geld eben ein Zahlungsmittel, aber keinen Wert darstellt. Wir haben es zugelassen, dass sich in einem der reichsten Länder der Erde Armut ausbreitet. Es gibt keine Sprache, die erklären kann, warum Milliarden für die Rettung von Banken zur Verfügung stehen, während Hartz-IV-Sätze um Beträge erhöht werden, mit denen man in besseren Restaurants nicht einmal einen Cappuccino bezahlen kann. Das Ergebnis ist die völlige Auflösung dessen, was Rousseau vor 250 Jahren den »volonté générale«, den Gemeinwillen, nannte. Dadurch ist ein Vakuum entstanden, das imstande ist, unsere schwer erworbene Demokratie infrage zu stellen. Die Politik hat die Sprache verloren, mit der sie die erreichen könnte, die sich abgekoppelt, allein gelassen, verraten fühlen. Sie wird den verloren gegangenen ›Gemeinwillen‹ aus eigenen Kräften nicht wieder herstellen können, denn sie hat die Völker emotional von den staatlichen Institutionen entfremdet, aus Bürgern wurden ›people‹ und das ›post-faktische Zeitalter‹ wurde eingeläutet. Wer aber Emotionen an die Stelle von Tatsachen setzt, läutet das Ende der Demokratie ein.

Wir haben in einem unglaublichen Tempo die Einigung Europas, die deutsche Wiedervereinigung und ein für Europa verbindliches Währungssystem errichtet. Auf der Strecke geblieben ist dabei die Diskussion um eine neue Identität Europas, um die man sich schon nach dem Ende des Zweiten Weltkriegs hätte bemühen müssen. Dies wäre eine vorrangige Aufgabe von Politik, Wirtschaft und Kultur gewesen. Dies holen heute ganz andere Menschen nach, Menschen, die fernab von Ideologie, Religion oder wirtschaftlichen Interessen andere Menschen vor dem Ertrinken retten, ihnen Sprachunterricht erteilen und sie mit der fremden, neuen Umgebung vertraut machen. Sie transportieren in Wahrheit den europäischen Gedanken – der im Übrigen immer ein internationaler war – und wir können uns nur wünschen, dass ihre Stimme das dumpfe Hassgedröhne derer übertönt, die nicht begreifen wollen, dass ihre Gesinnung schon einmal Deutschland zerstört hat.

Es ist dieser Wunsch, der uns, die Sächsische Akademie der Künste und die Stiftung Frauenkirche veranlasst hat, ein Symposium durchzuführen, das der Frage nachgehen sollte, wie ein neuer Zusammenhalt unserer Gesellschaft herbeizuführen ist. Wir wollen eine sachliche Debatte anstoßen, wollen auffordern zum konstruktiven Dialog und vielleicht sogar Wege aufzeichnen, die wir neu betreten können.

ANSÄTZE IN LITERATUR UND WISSENSCHAFT – IMPULSE

Marcel Beyer

—TABU
ZUR GEISTIGEN SITUATION
UNSERER ZEIT

I

Folgt man der Elbe nur lange genug flussabwärts, gelangt man irgendwann mitten im norddeutschen Nirgendwo in die Stadt Bleckede, einen Ort mit einem Penny-Markt in der Bahnhofstraße, mit einem Elbhotel und einer Brauerei, der sich von anderen Orten im norddeutschen Nirgendwo vor allem darum abheben dürfte, weil hier in der Kirche St. Jacobi der 1945 geborene Jörg Immendorff getauft wurde und Bleckedes linkselbischer Teil während jener vier Jahrzehnte, als zwei deutsche Staaten existierten, auf dem Gebiet der Bundesrepublik Deutschland lag, sein rechtselbischer Teil hingegen auf dem Gebiet der Deutschen Demokratischen Republik.

Lässt man den Ortskern hinter sich und fährt, in sicherem Abstand zum Bleckedermoor, auf der L219 in nordwestlicher Richtung weiter, einen Weiler namens Garze passierend, um auf einen Weiler namens Karze zuzuhalten, glaubt man, Eintönigkeit und Ereignisarmut dieser Gegend mit den Händen greifen zu können, und es erscheint absonderlich, ausgerechnet hier zwei Sätze des Schriftstellers Warlam Schalamow im Kopf zu haben, der seine prägenden Jahre – die ihn als Schriftsteller prägenden Jahre – in der Gegend der Kolyma verbracht hat, im sowjetischen Straflager. Im Vorwort zu seinen Erinnerungen fragt Warlam Schalamow: »An welcher letzten Grenze kommt das Menschliche abhanden? Wie von alldem erzählen?«

Man möchte die existentielle Dringlichkeit dieser wie von einem unsichtbaren Beifahrer geflüsterten Fragen umgehend wieder abschütteln, inmitten eines von den Ufern der Kolyma im Osten Sibiriens unendlich weit entfernten und völlig verschiedenen Nirgendwo, dem die Polizeidirektion Lüneburg seit November 2014 ganze fünfmal ihre Aufmerksamkeit hat schenken müssen: Nämlich, im einzelnen, am 21. November 2014, als im Ortsteil Karze aus bislang unbekannter Ursache ein Zimmerbrand ausbrach, sodann am 3. August 2016, nachdem eine junge Frau auf der L219 mit ihrem Ford bei einem Überholmanöver hinter einer Linkskurve von der Fahrbahn geriet und auf einem Acker stehenblieb, und wieder am 29. Juni 2017, als, möglicherweise im Bereich derselben Linkskurve, diesmal der Fahrer eines Daimler Chrysler von der Fahrbahn abkam, weil ein Hase seinen Weg querte, dann am 21. Juli 2017, nachdem ein Unbekannter in Karze die Plane eines Autoanhängers aufgeschnitten hatte, und zum bislang letzten Mal in den Morgenstunden des 17. Januar 2018, als auf der Straße Am Rotdorn ein Lastwagen umgekippt war, woraufhin sich 15 000 Liter Gülle auf die Fahrbahn ergossen.

Am Rotdorn in Bleckede Karze wohnt ein Mann namens Hagen Ernst, von dem zunächst nicht mehr gesagt sei, als dass es sich bei ihm offenbar um einen Menschen handelt, der sich Sorgen macht. Der die Welt um sich herum mit wachsendem Befremden betrachtet.

II

»An welcher letzten Grenze kommt das Menschliche abhanden? Wie von alldem erzählen?« Antworten auf diese zwei eng miteinander verknüpften Fragen habe ich nicht. Und ich wäre auf der Hut, käme jemand, um zu erklären, er habe die letztgültigen Antworten auf sie gefunden. Gleichwohl halte ich sie nicht nur für die zentralen Fragen im Zusammenhang mit dem Stalinismus, in dem ein Schriftsteller wie Warlam Schalamow sie stellt, nicht nur für die zentralen Fragen im Zusammenhang mit dem Nationalsozialismus, in dem Schriftsteller wie

Jorge Semprún und Imre Kertész sie stellen – halte sie also nicht nur für die zentralen Fragen des 20. Jahrhunderts, sondern für die zentralen Fragen auch der Gegenwart.

Wobei ich zugebe, dass ich in den zurückliegenden Jahren dünnhäutiger geworden bin – als jemand, der in Dresden lebt, der Stadt, in der sich Holocaustleugner heute so pudelwohl fühlen wie in keiner anderen deutschen Stadt, als jemand, der in Sachsen lebt, wo in den Kanon christlicher Werte bald auch der Judaskuss Aufnahme finden wird, wie zu befürchten ist, wenn sich Sorbenjägerfreunde, Kreuzschänderkameraden über ›herzliche‹ Einladungen zum ›lebendigen Bürgerdialog‹ freuen können.

Ins Herz der Finsternis stößt man an den unscheinbarsten Orten vor. Nicht zu vergessen, dass Menschen ihre Dämonen heute emsig in der Welt spazieren führen. Ins Herz der Finsternis kann man überall dort vorstoßen, wo Menschen das Wort ›Herz‹ nur noch vom Katzenfutteretikett kennen.

III

Das Herz der Finsternis wandert. Es findet sich dort, wo Sorgen mit zunächst unklaren Konturen leichthändig in eine feste Form zu bringen sind, sofern nur ein wenig geschickte organisatorische und propagandistische Hilfe von außen geleistet wird. Es findet sich in Orten, die sich dagegen wehren, ›in ein schlechtes Licht gerückt‹ zu werden, dabei aber nicht die Kraft aufbringen, sich aus eigenem Antrieb in ein gutes Licht zu rücken. In Orten, deren Bewohner ganz offensichtlich nicht über genügend Phantasie verfügen, um sich auszumalen, dass die jungen Männer mit den Teleskopschlagstöcken, die jungen Männer in ihrer Andersdenkendengarderobe, mit ihren Andersdenkendentätowierungen und ihrer Andersdenkendenmusik sich von Orten mit beschädigten zivilgesellschaftlichen Strukturen, an denen es laut zugeht, so magisch angezogen fühlen wie ein schlecht erzogener Rottweiler von einem Kinderspielplatz.

Das Herz der Finsternis findet sich dort, wo lokale Unzufriedenheits-verteidiger und mobile Empörungsorganisatoren zusammenarbeiten. Es findet sich, wo immer eine in sich zerrüttete Zivilgesellschaft dank-bar dafür ist, mit Hilfe von Fackeln und Glühwein und selbstgemalten Transparenten in einen Dusel versetzt zu werden, der, wenigstens für ein paar Wochen, jene Gemeinschaft herstellt, die man unwiderruflich verloren glaubte. Mit einem Mal kann man sich als Teil nicht nur einer Dorf- oder einer Stadtgemeinschaft begreifen, man wiegt sich gemein-sam in der Illusion, Teil einer Volksbewegung zu sein, Teil einer großen, der gesichtslosen Globalisierung entgegentretenden Kraft, die dem Gemeinwohl zu dienen scheint.

Sind die Empörungsorganisatoren aber nach einer Weile wieder abge-zogen, steht man nicht weniger ausgenutzt, abgehängt, betrogen und einsam da, als man sich vor ihrer Ankunft gefühlt hat – mit dem einzi-gen Unterschied, dass nun am Dorfrand kein Heim für Geflüchtete steht, sondern eine ausgebrannte Hotelruine.

Denn das Herz der Finsternis wandert. Die professionellen Empörungs-organisatoren brauchen neue Orte, neue Gesichter, neue Schauplätze, an denen jemand in die Kameras der ach so verlogenen, ach so igno-ranten ›Mainstreammedien‹ gucken kann, um immer wieder dasselbe zu sagen: Wir werden ignoriert. Wir sind das Volk. Wir sind der Wider-stand. Wir sind die Mitte.

Das Herz der Finsternis – es wandert von Schneeberg nach Stollberg. Von Zwickau nach Einsiedel. Wandert von Dresden nach Bautzen, nach Freital, nach Heidenau – und wieder zurück. Es wandert von Cottbus nach Kandel.

IV

Wer oder was aber wandert, wenn sich eine von mehr als 160 000 Men-schen unterzeichnete Petition vom feinen Charlottenburg auf den Weg in den Deutschen Bundestag macht?

Am 15. März 2018 wurde auf Initiative von Vera Lengsfeld eine bald auch als *Erklärung 2018* bekannt gewordene *Gemeinsame Erklärung* lanciert, die, in eine Petition unter der Überschrift *Gemeinsame Erklärung 2018* umgewandelt, inzwischen – und zwar, genau: am 16. Mai 2018 um 15 Uhr – dem Vorsitzenden des Petitionsausschusses des Bundestages überreicht wurde.

Gemessen etwa an dem ihr unmittelbar vorausgehenden *Manifest von Kandel* wirkt der Wortlaut der ursprünglichen, aus zwei Sätzen bestehenden *Gemeinsamen Erklärung* alles andere als spektakulär. Kein schriller Ton, kein mit Geheimtinte dreifach gesetztes Ausrufezeichen, bei dem Menschen Zuflucht suchen, die sich über die Wirkung geschriebener Worte nicht ganz im Klaren sind. Auf derbes Vokabular wurde anscheinend bewusst verzichtet. Kein Wunder, wenn eine Gruppe von Menschen, die ansonsten nicht viel gemeinsam haben, sich auf eine Folge von Formulierungen einigen möchte, die darauf abzielt, Konsensgefühle in eben jenem ›Mainstream‹ zu wecken, von dem man sich sonst bei jeder Gelegenheit abgrenzt. Und für komplexe, ausführliche Herleitungen bleibt, will man das ›Wir sind das Volk‹ adressieren, notgedrungen kein Raum.

So erklären die Erstunterzeichner sich zum einen solidarisch mit friedlichen Demonstranten, zum anderen plädieren sie für einen funktionierenden Rechtsstaat. Die der *Gemeinsamen Erklärung* beigegebenen, den Horizont absteckenden Erregungsbausteine sind jedem nicht hinter dem Mond lebenden alphabetisierten Menschen aus zahllosen anderen Quellen bekannt: »illegale Masseneinwanderung«, »Deutschland«, »rechtsstaatliche Ordnung«, »Grenzen unseres Landes«, »beschädigt«, »wiederhergestellt«.

Wer mehr wissen möchte, kann sich einer ganzen Reihe andernorts veröffentlichter Beiträge zuwenden. Aus der zum Teil von Erstunterzeichnern verfassten, die *Gemeinsame Erklärung* flankierenden Textmasse erfährt man mehr über den Hallraum (»1968«, »links-grüner Mainstream«), über die Stoßrichtung (»Merkel muss weg«), aber auch über die eine oder andere subtil in Szene gesetzte Meinungsverschie-

denheit unter Erstunterzeichnern. Wenn zum Beispiel der eine Dresdner Autor sich vehement dagegen wehrt, als ›rechts‹ bezeichnet zu
werden, ein anderer Dresdner Autor dagegen wenige Tage später bei-
läufig fallenlässt: »Der Geist weht heute rechts« – dann gewinnt man
den Eindruck, in der intellektuellen Auseinandersetzung unter Erklä-
rungserstunterzeichnern seien einiger Sportsgeist und eine gute Por-
tion Humor gefordert.

Vielleicht aber lässt allein schon die Tatsache, dass der Name von
Matthias Matussek auf der Erstunterzeichnerliste zwei Wochen lang in
entstellter Form erschien, ohne dass offenbar auch nur einer seiner
Mitstreiter auf eine Korrektur des hässlichen Fehlers gedrängt hätte,
erahnen, welch tiefer Riss auch durch diese kleine Gesellschaft verläuft.

Wer sich, weit über den kargen Text der *Gemeinsamen Erklärung* und
sein Begleitrauschen hinaus, vergegenwärtigen möchte, woher die den
öffentlichen Sprachraum seit einer nun schon langen Weile durch-
flirrenden Formeln und Zeichen stammen, der sei an jenen Vortrag
erinnert, den Bernd Rabehl im Dezember 1998 anlässlich der 16. Bogen-
hausener Gespräche in München gehalten hat – das geheime Grün-
dungsmanifest der Flüchtlingskrisenkritiker gewissermaßen. Alle heute
gängigen Topoi, alle heute geläufigen Gesten, alle heute herumgescho-
benen Spielfiguren finden sich in diesem Text mit dem Titel *National-
revolutionäres Denken im antiautoritären Lager der Radikalopposition
zwischen 1961/1980* – inklusive der festen Überzeugung, Kausalzu-
sammenhänge entstünden durch beharrliche Kreisbewegungen. Nichts
Neues unter der Sonne seit 1998, daran hat auch der Sommer 2015
nichts ändern können.

V

»Wir sind die Mitte der Gesellschaft«, erklärt Vera Lengsfeld in einem
am 22. März 2018 veröffentlichten Interview vor der Kamera, die eine
blendend weiß gestrichene Mansardenecke erfasst, während eine weitere, aus anderem Winkel auf die Szenerie gerichtete Kamera zwei

cremefarbene Kunstledersesselchen, einen niedrigen Holztisch sowie einen an der Wand hängenden Airbrush-Buddha fixiert und nebenbei die Frage nach dem hinter Vera Lengsfeld sichtbaren, flusigen Topfgrün beantwortet, das wohl das Gesamtbild verlebendigen soll, ohne jedoch den hässlichen Heizkörper im Hintergrund zum Verschwinden zu bringen: Es handelt sich um einen Drachenbaum, der, wie man weiß, sich sehr gut für alle eignet, die keinen grünen Daumen haben, der Trockenzeiten verträgt und dem es egal ist, wo er steht.

»Das ist ja auch der Versuch gewesen«, so Vera Lengsfeld mit Blick auf die eine Woche zuvor lancierte *Gemeinsame Erklärung*, »endlich mal klar zu machen, dass wir nicht die Rechten sind, sondern – in der DDR hätten wir gesagt: das Volk – aber wir sind die Mitte der Gesellschaft«. Bevor Vera Lengsfeld einen Monat später erneut zum Interview im cremefarbenen Kunstledersessel Platz nehmen wird, diesmal vor einer betont buschigen Yuccapalme, der schwertblättrigen Grazie, die auch trockene Luft ohne Probleme verträgt, während der Drachenbaum sich nun ein wenig unschön ins Mansardeneck gedrängt sieht (der hässliche weiße Heizkörper allerdings ist damit immer noch nicht verdeckt), frage ich mich, wer genau diese »Mitte der Gesellschaft« sein soll.

Da die *Gemeinsame Erklärung* mit einer Liste von Erstunterzeichnern versehen war, schien es naheliegend, in einem nächsten Schritt würde jeder zustimmungswillige Leser seinen Namen auf eine Zweitunterzeichnerliste setzen können. Nichts dergleichen – wie ein am folgenden Tag ergänzter Satz zu verstehen gab: »Autoren, Publizisten, Künstler, Wissenschaftler und andere Akademiker, die sich dieser Erklärung anschließen wollen, teilen dies bitte mit unter boeckelmann@web.de«. Damit war, ähnlich einer Bezahlschranke, eine Statusschranke eingezogen. Statusschranken kennen wir nicht aus dem Mitmachfernsehen der siebziger Jahre, nicht von den offenen Unterschriftenlisten der achtziger Jahre, wir kennen sie nicht aus den für den Klickzahlenkonservatismus so wichtigen sogenannten sozialen Medien. – Hierin lag der entscheidende, Begehrlichkeiten weckende Kunstgriff der *Gemeinsamen Erklärung*.

Wenig später signalisierte ein weiterer Zusatz noch einmal nachdrücklich Seriosität: »Unterzeichner ohne Absender und Berufsbezeichnung können nicht veröffentlicht werden. Wir bitten alle Unterzeichnungswilligen außerhalb der genannten Berufsstände um Verständnis dafür, dass wir den Personenkreis einschränken müssen.«

Das Versprechen der Exklusivität war mit einer Mahnung verknüpft: In einem ersten Schritt muss eine schonungslose Selbstprüfung erfolgen, in einem zweiten erfolgt eine eingehende Prüfung durch die Initiatoren. Nur wer beide Prüfungen bestanden hat, gelangt auf die Liste der Zweitunterzeichner. Für unseriöse Bewerber ist hier kein Platz – dafür bürgen die Initiatoren. Für die Seriosität der Zweitunterzeichner bürgen die Erstunterzeichner. Auf dieser Liste bürgt nicht nur jeder einzelne Name für die Seriosität seines Trägers, jeder einzelne Name bürgt auch für die Seriosität jedes anderen auf der Liste enthaltenen Namens. So entsteht eine exklusive Gemeinschaft. So konstituiert sich die von Vera Lengsfeld beschworene »Mitte der Gesellschaft«.

VI

So gelangen wir wieder in den von mir nie besuchten Weiler Bleckede Karze, wo die Güllewagen umkippen, wo die Hasen über die Fahrbahn laufen und Autos aus der Kurve jagen, wo jener mir unbekannte Hagen Ernst wohnt, dessen Name sich, nach strenger Seriositätsüberprüfung, auf der Unterzeichnerliste der *Gemeinsamen Erklärung* findet, als »freier Publizist und Autor, Blogger und Begründer des Romowe Verlages«.

Hagen Ernst, der sich die Aufforderung »Erschaffe deine Welt« zum Lebensmotto gewählt hat, der sich neben tausend anderen Dingen und Themen für Profiboxen und Eva Herman interessiert, für Patriotismus und AC/DC, für Trödelläden und die Identitäre Bewegung, für »Lustige Geschichten zum Lachen und Nachdenken!!!«, »Mehr RECHTE für VÄTER!!!«, für die NVA, Thilo Sarrazin und Bunkerbauten in Deutschland, für Selbstheilung und das Rauchen, Hagen Ernst, der unter der Devise »gesunder mensch – ganz mensch sein« »Hypnose & Coaching«

anbietet (»Nur auf Anmeldung – Hausbesuche möglich!«), betreibt außerdem ein Internetportal namens *ffd365.de*, das sich nach eigenem Bekunden der »freien Meinungsbildung« verschrieben hat.

Und an dieser Stelle wird es mir nun wirklich schwer, »von alldem« zu »erzählen«. Wir haben eine »letzte Grenze« erreicht, an der »das Menschliche abhanden« kommt.

»Wir sind die Mitte der Gesellschaft«, weiß Vera Lengsfeld. In dieser »Mitte der Gesellschaft« schlägt das Herz der Finsternis.

VII

Am 27. Dezember 2017 wurde im rheinland-pfälzischen Kandel in einem Drogeriemarkt ein fünfzehnjähriges Mädchen erstochen. Der Umstand, dass der mutmaßliche Täter aus Afghanistan stammt, lenkte die Aufmerksamkeit der Flüchtlingskrisenkritiker und Abendlandretter blitzartig auf den Ort mit 9 000 Einwohnern. Bereits am folgenden Tag war auf dem von Hagen Ernst eingerichteten Portal *ffd365.de* ein Text zu lesen, der eine Richtung vorgab. Zu Zwecken des politischen Kampfes wird ein gesellschaftliches Tabu, in diesem Fall der Kindesmissbrauch, in widerwärtigster Weise benutzt, um ein anderes gesellschaftliches Tabu zu brechen: Das Tabu, Menschen oder Institutionen öffentlich des Kindesmissbrauchs zu bezichtigen, bar jeder Grundlage und mit der alleinigen Absicht, Personen zu beschädigen, ihre Glaubwürdigkeit in Abrede zu stellen, ihre Existenz zu vernichten.

Ich zitiere hier einige Passagen, ohne sie weiter zu kommentieren. Am 28. Dezember 2017 also heißt es: »In #Kandel öffnet sich ein ekelhafter Sumpf aus pädophilen #refugeeswelcome-Kirchenkupplern, welche konsequent Kuppelparties von minderjährigen Deutschen an alte ›Flüchtlinge‹ organisierten, damit diese sich an den deutschen Kindern vergehen können. Das 15-jährige Kind, welches im Drogeriemarkt von einem sichtlich viel älteren ›Flüchtling‹ geschächtet wurde, ist nur die Spitze des Pädophilensumpfes von Kandel.«

Am 4. Januar 2018: »In Kandel wurde unter dem perversen Decknamen ›Max und Moritz‹ [so heißt der gemeinsam mit den protestantischen Kirchengemeinden Kandel und Erlenbach eingerichtete Treffpunkt für Flüchtlinge und Einheimische, d. Verf.] ein Kindertauschring aufgebaut, der es sich seit Jahren subventioniert vom Steuerzahler zur Aufgabe machte, alte Flüchtlingsmänner mit 13–15-jährigen Kindern (meist Mädchen) zu versorgen. […] Und alle schauten zu und machten mit, einschließlich der Eltern von Mia. [So der Name des getöteten Mädchens, d. Verf.] Und diese Pädophilen-Ringe werden in ganz Deutschland etabliert.«

Am 6. Januar 2018: »Die Flüchtlingsbestie aus #Kandel, welche #Mia im Drogeriemarkt geschächtet hat, war trotz der offensichtlichen 25–30 Jahre, welche der Killer schon alt ist, zwischen Kindern in Mias Klasse untergebracht. Eine Tatsache, die – wäre der Killer ein Deutscher gewesen – jedes vernunftbegabte Elternteil sofort auf die Palme brächte. Nicht so die pädophilen Flüchtlingshelfer aus Kandel. Dort ist die Pädophilie zwischen alten Flüchtlingen und deutschen Kindern Stadträson.«

Und am 29. Januar 2018: »Es ist nur konsequent, wenn Luden für ihr jeweiliges Geschäftsfeld auf die Straße gehen. Schon frühzeitig zu Beginn der großen Invasion machte sich der Bürgermeister von Kandel für die Verpaarung von minderjährigen einheimischen Mädchen mit viel älteren sogenannten ›Flüchtlingen‹ stark. Im Pädophilen-Club ›Max und Moritz‹ wurden regelrechte Orgien durch daran verdienende Gutmenschen organisiert, bei welchen die zu verpaarenden Kinder mit den ›Flüchtlingen‹ zusammengebracht werden.«

Wie ein Mensch auf seinem Portal solche Sätze verbreiten kann, ist mir unbegreiflich. Sätze, die zu lesen Übelkeit bereitet. Sätze, denen mit Vernunft nicht beizukommen ist. Sätze, die zu kommentieren mir unmöglich erscheint.

Sehr zum Missfallen seiner Einwohner wurde Kandel in den auf den Tod des Mädchens folgenden Wochen von professionellen Empörungsorganisatoren zum zentralen Schlachtfeld der Flüchtlingskrisenkritiker ausgebaut. Ein sogenanntes ›Bündnis‹ mit dem Namen *Kandel ist überall* wurde gegründet, ein *Manifest von Kandel* verfasst, bei dem es sich um nichts weiter handelt als um eine ausführlichere, grobschlächtigere, in roher Sprache verfasste *Gemeinsame Erklärung*.

Auch Vera Lengsfeld nutzte die Gunst der Stunde und überbrachte zur Demonstration am 3. März ein Grußwort, das sie, in der ihr eigenen, die Grenze zur Geschmacklosigkeit streifenden Art mit dem Satz begann: »Liebe Freunde, Kandel ist noch nicht überall, aber Kandel ist Spitze!«

Wer das Bedürfnis verspüren sollte, nach dieser Eröffnung noch weiter zu lesen, der wird das Grußwort leicht unter all dem Schmutz, der sich im Herzen der Finsternis ablagert, auf Hagen Ernsts Portal *ffd365.de* finden. Denn *ffd365.de* dient, wie ich bereits zitiert habe, nach eigener Aussage der »freien Meinungsbildung« und »zensiert oder verändert die übernommenen Artikel nicht«. Ein, so die Eigenwerbung, »Forum für Deutschland«, »unzensiert, unabhängig, ehrlich« – da ist es keine große Überraschung, dass Hagen Ernst auch die *Charta 2017* unterstützt, »für gelebte Meinungsfreiheit, für ein demokratisches Miteinander, für respektvolle Auseinandersetzungen«, wie es in ihrem Text heißt.

VIII

Seit jenem Tag, an dem der Name Hagen Ernst auf der Zweitunterzeichnerliste der *Gemeinsamen Erklärung* erschien, habe ich darauf gewartet, habe ich erwartet, ihn binnen kürzester Zeit wieder verschwinden zu sehen. Nichts geschah. Kein Aufschrei, keine Korrektur, kein Distanzierungsbedürfnis aus dem Kreis der Erstunterzeichner. Keine kritische Anmerkung aus dem Kreis der Zweitunterzeichner, die zur Streichung dieses Namens geführt hätte. Keine Unmutsäußerung, kein Unbehagen, kein Befremden. Seitdem die Liste am 29. März 2018 mit dem Unterzeichner Nummer 2018 geschlossen wurde, bekundet jeder darauf enthaltene Name: Ich bin mit jedem anderen Namen, in dessen Gesellschaft ich mich hier begeben habe, einverstanden.

Ich höre zu. Ich lese. Ich ›diffamiere‹ niemanden als ›rechts‹. Ich ›diffamiere‹ niemanden als ›Nazi‹. Ich nehme diese Menschen, die als politisch informierte, sorgsam abwägende, mündige Bürger ihren Namen unter die *Gemeinsame Erklärung* gesetzt haben, ernst. Als Menschen, die mit ihrem Namen für ihre Taten einstehen, als Menschen, die sich nicht wegducken, die nicht mit faulen Ausreden kommen, die nicht herumstottern, sie hätten ›von nichts gewusst‹.

Wenn jedoch diese Gesellschaft, die einen Hagen Ernst in ihrer Mitte Willkommen heißt, die »Mitte der Gesellschaft« ist, dann möchte ich nicht zur Mitte der Gesellschaft gehören. Und weder mit Honig- noch mit Donnerstimme werde ich mich dazu bewegen lassen, derartige Bündnisse zu ›tolerieren‹, sie gar im Sinne einer die menschliche Verrohung propagierenden ›Meinungsfreiheit‹ gutzuheißen. Wer sich mit Gestalten wie einem Hagen Ernst gemein macht, wer eine Gestalt wie Hagen Ernst zum Bundesgenossen wählt, der hat meine Achtung verloren.

Es ist mir einfach nicht möglich, sie zu achten – Menschen, die es empört von sich weisen, als ignorant, als naiv, als feige betrachtet zu werden, die zugleich aber keine Hemmung kennen, wenn jemand aus der Mitte ihrer Gesellschaft heraus alles daran setzt, jene letzte Grenze zu überschreiten, an der das Menschliche abhandenkommt. Und die, wie lautstark auch immer sie sonst in Erscheinung treten mögen, genau an dieser Stelle schweigen.

Wie sich Theologen, wie sich Pfarrer und Priester ohne Not in eine Reihe mit jemandem stellen können, der Texte unter der Überschrift »Pädophile Kirchenkuppler von Kandel verschacherten Kinder« verbreitet, ist mir ein Rätsel. Seelsorgerischen Beistand aber würde ich bei ihnen mit Sicherheit nicht suchen. So wenig, wie ich meine Kinder einer Kinderärztin anvertrauen wollte, die es nicht als abstoßend empfindet, ihren Namen neben dem Namen eines Mannes zu sehen, auf dessen Portal zu lesen ist: »In Kandel wurde unter dem perversen Decknamen ›Max und Moritz‹ ein Kindertauschring aufgebaut, der es sich seit Jahren subventioniert vom Steuerzahler zur Aufgabe machte, alte Flüchtlingsmänner mit 13–15-jährigen Kindern (meist Mädchen) zu versorgen.«

Dass auch Menschen, die das Wort »Psychologe« neben ihren Namen setzen, Menschen, die sich als Diplom-Psychologe ausweisen, Menschen, die als Psychotherapeut tätig sind, Psychiater und sogar Psychoanalytiker nicht davor zurückschrecken, Mitstreiter in einer solchen ›Gemeinschaft‹ zu sein, erschreckt mich. Als würde beim Unterzeichnen der *Gemeinsamen Erklärung* ein böser Pakt geschlossen, der alle Sensibilität im Umgang mit beschädigten Seelen abtötet: Hauptsache, mit Hagen Ernst findet sich ein Name mehr auf der Liste, dessen man sich kalten Herzens bedienen kann, um mit geblähter Brust Einzug in den Petitionsausschuss des Deutschen Bundestages zu halten.

Was mich, als Schriftsteller, fassungslos zurücklässt, ist die Tatsache, dass sich unter den Erstunterzeichnern der *Gemeinsamen Erklärung* auch Schriftsteller finden.[1] Drei Schriftsteller zudem, die aufgrund ihrer in der DDR gesammelten Lebenserfahrung weit besser wissen als ich, der ich in der BRD aufgewachsen bin, wie gefährlich Sprache sein kann, wenn sie als politische Waffe missbraucht wird, welches Zerstörungspotential in übler Nachrede steckt. Drei Schriftsteller, die sich nicht darüber hinwegtäuschen lassen, dass Sprache Menschen vernichten kann, drei Schriftsteller, die miterlebt oder gar am eigenen Leib erfahren haben, wie sich ein Wort von der einen auf die andere Sekunde in den seidenen Faden verwandelt, an dem ein Leben hängt. Wer, wenn nicht sie, sollte mit seinem Namen zum Ausdruck bringen: Wir, die wir ins Herz der Finsternis geblickt haben, die wir ins Herz der Sprache blicken, stehen dafür ein, dass sich unter unseren Mitunterzeichnern niemand finden wird, der Sprache zu keinem anderen Zweck benutzt, als Finsternis zu verbreiten.

IX

»Wie von alldem erzählen?«
Ich habe es hier versucht.

Brauchen wir aber, um zu der Frage zu kommen, unter der unser heutiges Symposium steht, einen neuen Gesellschaftsvertrag?
Meine Antwort lautet, knapp und einfach: Ich nicht.

1 Gemeint sind die Schriftsteller Jörg Bernig, Ulrich Schacht und Uwe Tellkamp.

Jörn Rüsen

—— GESELLSCHAFTSVERTRAG
HISTORISCHE SKIZZE EINER
IDEE MIT EINEM AUSBLICK AUF
DIE GEGENWART

Was ist ein Gesellschaftsvertrag? In einem sehr allgemeinen Verständnis handelt es sich um eine rechtliche Vereinbarung zur Gründung einer Gesellschaft, praktisch die Satzung einer Institution. Institution verstanden als künstliche, also nicht-natürliche Einrichtung der menschlichen Lebenspraxis. In einem kulturellen, sozialen und politischen Kontext denken wir bei einem Gesellschaftsvertrag an den *Contrat Social* von Rousseau, an eine intellektuelle Verständigung über die Grundlagen des menschlichen Zusammenlebens. In dieser Verständigung werden die Regeln angegeben, denen folgend erwartbare Probleme des menschlichen Zusammenlebens von Anfang an als lösbar erscheinen.

Voraussetzung einer solchen Vorstellung über die Grundlagen des menschlichen Zusammenlebens ist eine Grundunterscheidung zwischen den Menschen, wie sie von Natur leben, und den Menschen, die sich zu einer kulturellen Lebensform zusammenschließen. Zu dieser Grundunterscheidung kommt hinzu die Vorstellung, wie der reale Lebenszusammenhang aussieht, um dessen intellektuelle Begründung, Rechtfertigung und Kritik es geht.

Im Naturzustand leben einzelne Individuen, die sich zusammenschließen müssen, um gemeinsam überleben zu können. Dieser Zusammenschluss geschieht aus Vernunftgründen zum Vorteil aller Beteiligten.

Mit der Idee des Naturzustandes wird allerdings eine geistige Distanz zu den gegebenen Lebensverhältnissen geschaffen. In dieser Distanz werden die Gründe ermittelt, die die Menschen zum sozialen Zusammenschluss bewegen und diesen einsichtig machen. Gesellschaftsvertragsvorstellungen leben von einer solchen Distanz und von der in ihr angelegten Kritik vorgegebener realer Lebensverhältnisse.

Die Vertragsvorstellung ist historisch spezifisch. Sie beruht freilich auf einer anthropologischen Grundeinstellung der Menschen, die ihre Lebensverhältnisse immer im Lichte eines Andersseinkönnens sehen. Dieses Andersseinkönnen wird oft mythisch an den Beginn der Zeiten verlegt, zugleich aber auch als zukünftig angesehen. Es bleibt mehr als eine bloße Möglichkeit, sondern kann in besonderen Handlungen (Kulten) auch aktualisiert werden. Oft steckt in der Vorstellung eines Ursprungs der eigenen Lebensform eine ideale Lebensform, ein goldenes Zeitalter oder (wie etwa in China) die Herrschaft weiser Könige. Von ihr her erscheinen dann die eigenen Lebensverhältnisse als kritisierbar und vorläufig. Politisches Handeln wird teleologisch an der Wiederherstellung des Ursprünglichen ausgerichtet oder von ihm her normativ beurteilt.

In der kulturellen Tradition des Westens hat diese Differenz eine entscheidende Rolle gespielt und wurde – in entwicklungstheoretischer Hinsicht – in unterschiedlicher Weise realisiert. Am Anfang steht die Vorstellung, dass die irdischen Lebensverhältnisse an kosmologischen Vorgaben gemessen und beurteilt werden müssen. Platons *Politeia* gibt den Ton an: »Im Himmel ist doch vielleicht ein Muster aufgestellt für den, der sehen und nachdem, was er sieht, sich selbst einrichten will.« (592 b) Dieses Muster konnte dann mit einer christlich inspirierten Schöpfungsordnung ausgelegt werden. Menschliche Gesellschaft hatte ihren Vertrag im Himmel.

Die naturrechtliche Idee, wie sie wirkungsvoll für Jahrhunderte von der Stoa entwickelt worden war, hat dieser Weltordnung eine rechtliche Form gegeben, – ein erster Schritt zur Vorstellung einer Rechtsordnung, die den menschlichen Lebensordnungen zugrunde liegt und ihnen (normativ) übergeordnet ist. Es galt also die gesellschaftliche Ordnung des menschlichen Lebens im Blick auf eine transzendente Ordnung von der Natur aller Dinge zu beurteilen und, wenn möglich, auch zu gestalten.

Das änderte sich fundamental in der Neuzeit. Nun wurde die göttliche Weltordnung im Verhältnis zum Menschen darin gesehen, dass der Platz, den der Mensch in ihr einnimmt, von ihm selbst bestimmt und ausgefüllt wird. Pico della Mirandola hat diese Selbstbestimmtheit des Menschen seine Würde genannt: In seinem gleichnamigen Traktat (*Über die Würde des Menschen* 1486/87) führt er aus:

»Der höchste Vater, der Baumeister Gott, hatte das Haus der Welt, den heiligsten Tempel der Gottheit, nach den Gesetzen einer geheimen Weisheit schon meisterhaft beendet. Den überhimmlischen Bereich hatte er mit den Intelligenzen geschmückt, die Äthersphären mit ewigen Seelen belebt, den schmutzigen Bodensatz der unteren Welten mit vielen verschiedenartigen Tieren bevölkert.

Nach vollendetem Werke sehnte sich der Baumeister nach jemandem, der fähig wäre, den Sinn seines großen Werkes zu begreifen, dessen Schönheit zu lieben, dessen Erhabenheit zu bewundern. Nachdem nun alles vollbracht war […], beschloss er somit, als letztes Werk Menschen zu erschaffen. Von den Urbildern war jedoch keines mehr da, um daraus das neue Geschöpf zu formen, und in den Schatzkammern nichts, das er dem neuen Sohn als Erbschaft schenken könnte, noch auf der ganzen Welt ein Ort, der als Sitz für diesen Betrachter des Universums dienen könnte. Alles war besetzt, alles in den höchsten, mittleren und tiefsten Ordnungen schon verteilt. Der väterlichen Macht hätte es nicht entsprochen, beim letzten Werke fast machtlos zu versagen; es entspräche seiner Weisheit nicht, bei einer so notwendigen Tat ratlos zu zögern; noch entspräche es seiner wohltätigen Liebe, dass derjenige, der in anderen Geschöpfen die göttliche Freigebigkeit preisen sollte, sie im Hinblick auf sich selbst verurteilen müsse. Schließlich beschloss der vortreffliche Baumeister, dass der Mensch, dem er nichts Eigenes mehr geben konnte, an allem teilnehme, was er jedem anderen gegeben hatte.

So nahm er den Menschen als ein Werk unbestimmter Art auf, stellte ihn in die Mitte der Welt und sprach zu ihm wie folgt: ›Dir, Adam, habe ich keinen bestimmten Ort, kein eigenes Aussehen und keinen besonderen Vorzug verliehen, damit du den Ort, das Aussehen und die Vorzüge, die du dir wünschest, nach eigenem Beschluss und Ratschlag dir erwirbst. Die begrenzte Natur der anderen ist in Gesetzen enthalten, die ich vorgeschrieben habe. Von keinen Schranken eingeengt sollst du deine eigene Natur selbst bestimmen nach deinem Willen, dessen Macht ich dir überlassen habe. Ich stellte dich in die Mitte der Welt, damit du von dort aus alles, was ringsum ist, besser überschaust. Ich erschuf dich weder himmlisch noch irdisch, weder sterblich noch unsterblich, damit du als dein eigener, gleichsam freier, unumschränkter Baumeister dich selbst in der von dir gewählten Form aufbaust und gestaltest. Du kannst nach unten in den Tierwesen entarten; du kannst nach oben, deinem eigenen Willen folgend, im Göttlichen neu erstehen.‹ O höchste Freigebigkeit des Vatergottes! O höchstes, bewundernswertes Glück des Menschen! Ihm wurde gewährt, das zu haben, was er sich wünscht, das zu sein, was er sein will.«[1]

Damit ist eine anthropologische Deutungskonvergenz (Günter Dux) in Gang gebracht. Der Mensch wird zum Maß seiner eigenen Dinge. Kant hat diese Wende zu einem anthropologischen Fundament des Denkens bestätigt, wenn er die Grundfragen, die sich dem Menschen zu allen Zeiten und allerorts stellen und zu deren Beantwortung die Philosophie aufgerufen ist, wie folgt beschreibt:

»Das Feld der Philosophie […] lässt sich auf folgende Fragen bringen:
1) Was kann ich wissen?
2) Was soll ich tun?
3) Was darf ich hoffen?
4) Was ist der Mensch?
Die erste Frage beantwortet die Metaphysik, die zweite die Moral, die dritte die Religion, und die vierte die Anthropologie. Im Grunde könnte man aber alles dieses zur Anthropologie rechnen, weil sich die drei ersten Fragen auf die letzte beziehen.«[2]

Diese Fundamentalanthropologie hat das neuzeitliche Denken über die menschliche Gesellschaft nachhaltig bestimmt. Theologische und metaphysische Deutungsmuster wurden kritisiert und depotenziert. Es sind nun die Menschen selbst, die sich in der (fiktiven) Vorstellung eines Vertrages ihre Ordnung geben.

An den Beginn dieser Selbstbestimmung sollte man die neuzeitliche Utopie setzen. In ihr formiert sich das Bild einer humanen Gesellschaft als Gegenbild zur Inhumanität der realen Lebensverhältnisse. Thomas Morus beginnt seine Utopie mit einer ausführlichen und fundamentalen Gesellschaftskritik. Gegen dieses düstere Bild seiner Zeit setzt er die Vision einer Lebensform, die dem Gesichtspunkt der »Humanitas« verpflichtet ist. Nach Morus besteht die »eigentliche Menschlichkeit, die dem Menschen angemessener als jegliche Tugend ist« darin, »die Not anderer zu lindern, ihren Kummer zu beheben und dadurch ihrem Leben wieder Freude, das heißt Lust, zu geben«.[3] Eine dieser Humanität verpflichtete Lebensform ist ortlos (u-topisch), hat also keine Stelle in der sozialen und politischen Realität. Damit ist sie freilich nicht nichts, sondern bringt die Fähigkeit des Menschen zum Ausdruck, sich über die realen Bedingungen seines Lebens zu erheben und sich seine Menschlichkeit als soziale und politische Realität vorzustellen.

In einem nächsten Schritt wandelt sich das Gegenbild zur gesellschaftlichen Realität zum Deutungsmuster dieser Realität selber. Die Wirklichkeit wird mit ihrer normativen Bestimmtheit durch den sich vergesellschaftenden Menschen eingeholt. Thomas Hobbes (1588–1679) betont in seinem *Leviathan* (1651) angesichts der Schrecken des englischen Bürgerkrieges die Selbstentäußerung des Menschen an einen absolutistischen Staat. Er, dieser Staat, soll angesichts der anthropologisch fundamentalen Wolfsnatur des Menschen ein gemeinsames Überleben der vergesellschafteten Mitglieder des Staates garantieren.

John Locke (1632–1704) hebt in seinem *Second Treatise of Government* (1690) demgegenüber auf die Fähigkeit des Menschen ab, durch arbeitende Aneignung der Natur Eigentum zu schaffen, das vom Staat geschützt und gefördert werden soll. Im Naturzustand ist der Mensch nicht wie bei Hobbes vornehmlich wie ein Wolf im Verhältnis zu anderen Menschen, sondern er ist frei und gleich mit allen anderen Menschen und schafft sich durch Arbeit an der Natur Eigentum. Dennoch ist er durch andere Menschen gefährdet, die nach seinem Eigentum trachten und ihn an der Schaffung und am Genuss seines Eigentums hindern (etwas von der Wolfsnatur haftet ihm eben doch an). Er schließt sich deshalb mit anderen zu einer »politischen Gesellschaft« (political society) zusammen, die die »Gewalt« hat, »das Eigentum zu schützen und zu diesem Zweck die Missetaten aller innerhalb dieser Gesellschaft zu bestrafen«.[4]

Jean-Jacques Rousseau (1712–1778) schließlich betont in seinem *Contrat Social ou Principes du Droit Politique* (1762) die moralische Verpflichtung der Mitglieder einer Gesellschaft, sich zu einem kollektiven Willen zu vereinigen und sich diesem Willen als höchste Instanz der Regelung ihres politischen Lebens zu unterwerfen. »Es muss eine Gesellschaftsform gefunden werden, die mit der gesamten gemeinsamen Kraft aller Mitglieder die Person und die Habe eines jeden einzelnen Mitglieds verteidigt und beschützt; in der jeder einzelne, mit allen verbündet, nur sich selbst gehorcht und so frei bleibt wie zuvor.«[5] Diese damit politisch gewordene Freiheit verlangt eine »vollständige Überäußerung eines jeden Mitglieds mit all seinen Rechten an die Gemeinschaft«. In dieser Idee der sozialen Konstitution politischer Freiheit im Staat steckt ein totalitäres Element: Der Gesellschaftspakt gibt »dem Sozialkörper eine absolute Macht über seine Glieder«.[6]

In den genannten Texten wurde die Vorstellung gesellschaftlicher Gemeinsamkeit in einem Staat als Vertrag konzipiert und damit den Subjekten die Freiheit zugesprochen, von und aus sich heraus ihr Zusammenleben zu gestalten. Der Gesellschaftsvertrag realisiert eine anthropologisch vorausgesetzte Freiheit des Menschen zur Selbstbestimmung. Er spricht den einzelnen Subjekten die Fähigkeit zu, sich mit anderen zu einem politischen Bund (body politic) zusammenzuschließen. Sie entäußern sich ihrer Vereinzelung und gewinnen damit sich selbst als soziale Wesen, die ihr Leben nach einsichtsvollen

Gesichtspunkten politisch gestalten. Die Gesellschaftsverträge sind immer auch Herrschaftsverträge, gleichsam geistige Urkunden der Regelung von inneren Machtverhältnissen in souveränen Staaten.

Das Abschließen eines Gesellschaftsvertrages war natürlich eine fiktionale Vorstellung über die Entstehung der gesellschaftlichen Lebensform des Menschen. Aber diese Vorstellung konnte durchaus auch unter besonderen Umständen wörtlich genommen werden. Dann kam es wirklich zu einem Vertrag. Ein weltgeschichtlich bedeutsames Beispiel dafür ist der *Mayflower Compact* von 1620.

Auf dem Segelschiff Mayflower reisten nicht nur die Pilgerväter nach Nordamerika, sondern auch Abenteurer, die in die Kolonien auswandern wollten, um dort ihr Glück zu machen. Es handelte sich also um eine recht heterogene Gruppe von Auswanderern. Sie mussten in der neuen Welt miteinander auskommen und fühlten sich daher genötigt, ihr Zusammenleben vorab zu regeln, um Konflikte zu vermeiden. Daher kam es am 11. November 1620 zu einer Absprache über die dafür maßgebenden Gesichtspunkte. Dieser »compact« ist in folgenden Worten überliefert:

»Having undertaken, for the glory of God, and advancement of the Christian faith, and honor of our king and country, a voyage to plant the first colony in the northern parts of Virginia, do by these presents solemnly and mutually in the presence of God and one of another, covenant, and combine ourselves together into a civil body politic, for our better ordering and preservation, and furtherance of the ends aforesaid; and by virtue hereof to enact, constitute, and frame such just and equal laws, ordinances, acts, constitutions, offices from time to time, as shall be thought most meet and convenient for the general good of the colony: unto which we promise all due submission and obedience. In witness whereof we have hereunder subscribed our names; Cape Cod, the 11th of November, in the year of the reign of our sovereign lord King James, of England, France and Ireland eighteenth and of Scotland fifty-fourth, Anno Domini 1620.«[7]

Ähnliche Formulierungen finden sich bei John Adams in seiner Präambel der Verfassung von Massachusetts vom 2. März 1780: »The body politic is formed by a voluntary association of individuals. It is a social compact, by which the whole people covenants with each citizen, and each citizen with the whole people, that all shall be governed by certain laws for the common good.«[8] Gemeint ist damit die Herrschaft nicht des Menschen über den Menschen, sondern des Gesetzes über den Menschen.

Wir würden heute nicht mehr von einem »compact« reden, sondern von einer Verfassung. Die Kolonien gaben sich in freier Vereinigung und Zustimmung der beteiligten Männer eine Verfassung. Und in der Tat sind die ersten Verfassungen moderner Demokratien nach diesem Muster entstanden. Sie konnten auf eine Tradition von Herrschaftsverträgen zurückgreifen – der berühmteste ist die *Magna Carta* von 1215. Aber in dieser Abmachung schlossen die zukünftigen Untertanen keinen Vertrag miteinander, um gemeinsam einen »body politic« zu bilden, sondern handelten nur dem Herrscher Bedingungen ab, unter denen sie bereit waren, sich beherrschen zu lassen. Die Gesellschaftsverträge, die in die Verfassungen moderner Demokratien mündeten, legitimierten politische Herrschaft mit dem Willen und dem Einverständnis der beherrschten Bürger (und später auch: der Bürgerinnen). Hegel hat diese Herrschaftsbegründung als einen einzigartigen Schritt in der Freiheitsgeschichte der Menschheit gefeiert:

»Solange die Sonne am Firmamente steht und die Planeten um sie herumkreisen, war das nicht gesehen worden, dass der Mensch sich auf den Kopf, das ist, auf den Gedanken stellt und die Wirklichkeit nach diesem erbaut. Anaxagoras hatte zuerst gesagt, dass der *νοῦς* die Welt regiert; nun aber erst ist der Mensch dazu gekommen, zu erkennen, dass der Gedanke die geistige Wirklichkeit regieren solle. Es war dieses somit ein herrlicher Sonnenaufgang. Alle denkenden Wesen haben diese Epoche mitgefeiert. Eine erhabene Rührung hat in jener Zeit geherrscht, ein Enthusiasmus des Geistes hat die Welt durchschauert, als sei es zur wirklichen Versöhnung des Göttlichen mit der Welt nun erst gekommen.«[9]

In dieser Entwicklungslinie des politischen Denkens – von den frühneuzeitlichen Utopien über die Vertragstheorien, die in der Aufklärung
das Politikverständnis dokumentieren, bis zu den modernen demokratischen Verfassungen – müssen diese Verfassungen gelesen und verstanden werden. Sie sind rechtliche Regelungen politischer Herrschaft,
in die über die Entwicklung der Menschen- und Bürgerrechte die
Humanitas-Vision der Utopien eingegangen ist. Es geht aber in ihnen
um mehr als nur um rechtliche Regelungen. Es geht um ein Verständnis politischer Herrschaft und gesellschaftlicher Lebensform und der
für sie maßgebenden Bewegungskräfte einer umfassenden Freiheitsgeschichte.

Wenn in der gegenwärtigen Debatte um verbindliche Normen des
Zusammenlebens in einer pluralistischen Gesellschaft gestritten wird,
findet sich stets ein Hinweis auf die Verfassung als System solcher
Normen, die dem Pluralismus moderner Lebensgestaltung entzogen
sind, da sie diese Gestaltung selbst regeln. Oft wird dieser, inzwischen
eher zum Stereotyp verkommene Hinweis mit der Ablehnung des
Gedankens einer ›Leitkultur‹ verbunden, die die kulturelle Vielfalt der
Bürgerinnen und Bürger des Gemeinwesens in einen gemeinsamen
»body politic« zusammenschließen soll. Das widerspricht freilich dem
kulturellen Gehalt der Verfassung als Gestaltung menschlicher Freiheit
im gesellschaftlichen Lebenszusammenhang aller Betroffenen. Es gilt,
diesen kulturellen Gehalt (seine Tradition, seine Entwicklung, seine
innere Dynamik und seine Zukunftsperspektive) herauszuarbeiten und
auf die konkreten Lebensverhältnisse der Gegenwart zu beziehen.

Wenn also danach gefragt wird, ob wir einen neuen Gesellschaftsvertrag brauchen, dann geht es darum, den in der Verfassung vorgegebe-
nen und ihr zugrundeliegenden Gesellschaftsvertrag zu explizieren
und ihn im Lichte der in ihr verkörperten Freiheitsgeschichte zu inter-
pretieren und auf die neuen herausfordernden Bedingungen des gesellschaftlichen Zusammenlebens kritisch zu beziehen.

Herausforderungen der Gegenwart

Wir stehen heute vor neuen Herausforderungen. Ich bin der Auffassung, dass diese Herausforderungen so radikal sind, dass der Boden unter unseren Füßen schwankt und wir neue Ideen über die Grundlagen unseres Zusammenlebens entwickeln, also über einen neuen Gesellschaftsvertrag nachdenken müssen. Ich zähle fünf Herausforderungen auf.

(1) Die erste: eine neue Positionierung des Nationalstaates. Wir beobachten das interessante Phänomen, dass alle relevanten Staaten der Gegenwart (auch die in der Europäischen Union) Nationalstaaten sind, mit der Idee der Nation staatliche Politik betreiben und ihr Verhältnis zu ihren Bürgerinnen und Bürgern bestimmen. Gegen diese elementare Tatsache positioniert sich der aktuelle intellektuelle Diskurs und vertritt überwiegend die Meinung, die Nation als mentale Triebkraft der Vergesellschaftung sei Vergangenheit, man lebe in einem postnationalen Zeitalter. Ich halte das für realitätsblind. Es ist wenig überzeugend, dass heute versucht wird, den Nationsbegriff durch den Heimatbegriff zu ersetzen. Nation und Heimat sind ganz verschiedene Dimensionen der kulturellen Verortung in einem Staat. Nation ist ein dezidiert politischer Begriff, und Heimat bezeichnet eine prä-politische Zugehörigkeit von hohem mentalem Gewicht; sie ersetzt aber nicht das, wofür Nation steht.

(2) Das zweite, was uns herausfordert, ist die tiefe Krise der europäischen Vereinigung im Globalisierungszusammenhang. Einer und vielleicht der wichtigste der Gründe dafür ist ein Mangel an kultureller Zugehörigkeit, an europäischer Identität. Zur wirtschaftlichen und politischen Einigung fehlt bis heute ein kulturelles Pendant.[10]

(3) Das dritte ist die Herausforderung der politischen Identität in den etablierten europäischen Nationalstaaten. Kultureller Pluralismus und Masseneinwanderung lassen die etablierten Formen kollektiver Iden-

tität als fragwürdig erscheinen. Das ist ein elementares Phänomen, dessen Bedeutung nicht überschätzt werden kann. Die Unterschätzung der mentalen Kraft kollektiver Zugehörigkeit ist einer der Gründe, weshalb etablierte Parteien, aber auch intellektuelle Bewegungen, dieses Thema an die politische Rechte verschenkt haben.

Wir Deutschen haben Identitätsprobleme, und das nicht erst seit dem Ende des Zweiten Weltkrieges. Ich möchte die traditionellen Formen, in denen die Deutschen kulturell über ihr eigenes Deutschsein räsoniert haben, kurz zusammenfassen und charakterisieren. Was ist typisch deutsch? Ein Blick auf die deutsche Debatte über das ›Deutschsein‹ seit dem 17. Jahrhundert gibt eine komplexe Antwort. Ich beziehe mich auf die einschlägige Arbeit von Dieter Borchmeyer *Was ist deutsch? Die Suche einer Nation nach sich selbst.*[11] Borchmeyer macht deutlich, dass die Deutschen ihre Identität in einer komplexen Verbindung von drei Gesichtspunkten entwickelt haben.

(a) Der erste ist eine grundlegende Unsicherheit, oder besser: eine diskursive Offenheit. Die Deutschen wissen nicht so richtig, wer sie eigentlich als Deutsche sind. Das ist nicht nur ein Phänomen der Gegenwart, das ist schon seit langem so.
(b) Der zweite Gesichtspunkt definiert Deutschsein bei maßgeblichen Denkern, etwa bei Friedrich Schiller, immer (auch) als eine Zukunftsprojektion: Wir sind eigentlich noch nicht so richtig deutsch, aber wir werden es.[12]
(c) Drittens gehört zu dieser nationalen Gemeinsamkeit ein universaler Menschheitsbezug. Nationale Zugehörigkeit wurde nicht darauf beschränkt, zu sagen: Wir sind Deutsche. Hinzu kommt auch noch etwas Menschheitliches, das über die nationale Begrenztheit hinweggeht.[13] Aber die Frage bleibt: Was ist deutsch? Unsere Defizite und Besonderheiten in dieser Hinsicht sind historisch bedingt, nicht zuletzt deshalb, weil im Namen des Deutschseins Menschheitsverbrechen begangen worden sind.[14] Aber das ändert nichts an der Tatsache, dass wir Deutsche geblieben sind und uns dazu deutend verhalten müssen.

(4) Ferner gibt es eine vierte wichtige Herausforderung: Das Schwinden der Mittelschicht. Sozial gesehen ist eine starke Mittelschicht eine notwendige Voraussetzung für das Funktionieren moderner Demokratien. Schon die Gründerväter der Vereinigten Staaten wussten um die Wichtigkeit von Mittelständlern. Benjamin Franklin beispielsweise, selbst gelernter Drucker, betonte öffentlich seine Stellung als Handwerker. Diese Mentalität war maßgebend für die Ausgestaltung und Strukturierung der modernen Demokratie. Diese Mittelschicht, die »nivellierte Mittelstandsgesellschaft« (Helmut Schelsky),[15] galt als Fundament und soziale Grundlage der modernen Demokratie. Tatsache ist nun: die Mittelschicht schmilzt. Keiner kann sagen, wie dünn die Schicht werden muss, bis das demokratische System zusammenbricht. Die Krisensituation, die wir gegenwärtig erfahren, entsteht für mich durch die Risse im sozialen Gebäude, das die moderne Demokratie trägt. Deshalb brauchen wir dringend neue sozialpolitische Gesichtspunkte in unserem Gesellschaftsvertrag. Die Debatte um ein bedingungsloses Grundeinkommen zeigt diese Notwendigkeit an.[16]

Ein wesentliches Element des schon vorhandenen Gesellschaftsvertrages, das wir aber kaum beachten, ist die soziale Bindung des Eigentums. Diese Bindung steht in der Verfassung, aber wo geschieht sie denn wirkungsvoll? Das ist eine völlig offene Frage. Eine bloße Umverteilung würde nicht weiterführen. Die Debatte über das bedingungslose Grundeinkommen oder was immer als Äquivalent vorgeschlagen wird, ist ein Versuch, diese schwindende Mittelschichtfundierung aufzufangen. Wir haben noch keine Lösung, wir brauchen aber eine. Also müssen wir das, was wir traditionell die »Sozialbindung des Eigentums« nennen, konkretisieren und in unseren neuen zukunftsfähigen Gesellschaftsvertrag aufnehmen.

(5) Schließlich gibt es eine neue Herausforderung: die Macht der Religion. Diese Herausforderung manifestiert sich in der ungeklärten Rolle des Islam in unserem Lande. Er beunruhigt uns mit guten Gründen, zeigt aber auch, dass die Religion mitnichten aus den kulturellen Grundlagen und Elementen moderner Gesellschaften verschwindet. Wir haben in Deutschland über fünf Millionen Muslime, die wir natürlich ernst nehmen müssen. Wir müssen neu darüber nachdenken, ob

Religion und welche Art von Religion mit einer modernen Zivilgesellschaft kompatibel oder sogar für sie notwendig ist. Brauchen wir Religion als ein kulturell stabilisierendes Element der modernen Zivilgesellschaft? In ihr nimmt sie die Form einer Zivilreligion an.[17] Es zeigt sich, dass hier eine kulturelle Lücke in unserem Verständnis moderner demokratischer Zivilgesellschaft besteht. Wir müssen die Motivationskraft der Religion, wie sie im Islam – zunächst einmal außerhalb Deutschlands, aber eben auch tendenziell innerhalb Deutschlands – gegen die moderne säkulare Zivilgesellschaft gerichtet ist, so integrieren, dass sie zu einer mentalen Verstärkung der Grundlagen der westlichen politischen Kultur wird. Das haben die jüdischen und die christlichen Konfessionen inzwischen gelernt. Wir sollten nicht vergessen, dass der Papst noch am Ende des 19. Jahrhunderts die Menschen- und Bürgerrechte als Teufelswerk verdammt hat. Das hat sich geändert. Wir haben inzwischen durch das Christentum und das Judentum eine religiöse Fundierung der Zivilgesellschaft in ihrer säkularen Verfassung erhalten. Das ist eine weltgeschichtlich bedeutsame Form der Transformation des Religiösen in die Moderne.

Es gibt erste Anzeichen dafür, dass das Religiöse in den Diskurs über Eigenart und Grundlagen der modernen Gesellschaft zurückgekehrt ist. Ich verweise hier auf die Arbeiten des Soziologen Hans Joas, der eindrücklich gezeigt hat, dass wir die Geschichte der Menschen- und Bürgerrechte nicht verstehen, wenn wir nicht akzeptieren, dass dort bestimmte Vorstellungen von der Sakralität des Individuums eingegangen sind.[18] Auch die moderne Idee der Individualität, die die Grundlage für die Vorstellung von Gesellschaftsverträgen bietet, kann ohne Menschen- und Bürgerrechte nicht verstanden und ohne religiösen Kontext nicht rekonstruiert werden, aus dem sie erwachsen ist. Natürlich gewinnen Gesellschaftsverträge dabei eine säkulare Bedeutung, die über die Religion hinausgeht und sich zum Teil auch gegen die Religion richtet. In dieser Ambivalenz stecken wir, und im Umgang mit dem Islam müssen wir überlegen, ob wir ihn rein säkular betrachten oder ob wir ihn als Religion ernst nehmen und sagen: Wir brauchen in den kulturellen Grundlagen unserer Zivilgesellschaft mentale Kräfte einer Zivilreligion. Sie können uns im Prinzip auch aus dem Islam zuwachsen.[19]

Um diesen Herausforderungen zu begegnen, stellt sich die Frage nach dem Gesellschaftsvertrag, der unserer politischen Kultur zugrundeliegt, neu. Betrachten wir die Entwicklung der Idee ›Gesellschaftsvertrag‹ als historischen Prozess, der in unsere Gegenwart geführt hat, so liegt es nahe, sich auf ihren Anfang, die utopische Inspiration, Gesellschaft neu zu denken, zu besinnen. Brauchen wir neue utopische Inspirationen?

Ende und Anfang der Utopie

Diese Frage stößt zunächst einmal auf eine gut begründete Abwehr. Das Epochenjahr 1989 wurde von vielen Zeitgenossen als das Ende der Utopie interpretiert. Damit war gemeint, dass die sozialistisch-kommunistische Weltanschauung stark durch utopische Elemente geprägt war. Utopien zeichnen sich dadurch aus, dass sie beste Zustände beschreiben und meinen, dass man nach ihrer Vorlage die Wirklichkeit verändern müsse. Wenn die Wirklichkeit dem nicht entspricht, muss man sie korrigieren. Eine entsprechende Politik zeigt die verheerenden Konsequenzen eines solchen praktisch-utopischen Umgangs mit wirklichen Lebensverhältnissen. Wenn man Utopien als Handlungsanweisungen und als politische Programme nimmt – Marx war übrigens der Meinung, man müsse von der Utopie zur Realität fortschreiten – dann ist das Ergebnis jedes Mal Horror, Schrecken, Terror und Unterdrückung. Mit diesem Ideenwahn sollte Schluss sein. Wenn Utopien Handlungsentwürfe sind, dann sind sie gefährlich und müssen kritisiert werden.

Der Marxismus hat eine Utopie und wird von der Vision einer klassenlosen Gesellschaft getragen, in der die Entfremdung des Menschen durch Revolution abgeschafft wird, damit der Mensch menschlich sein kann. Auch der Nationalsozialismus weist utopische Prinzipien auf. Seine Utopie besteht darin, dass der Arier als Prototyp des wahren Menschen verstanden wird und dass man die Menschen durch Rassenhygiene zu dieser Menschlichkeit befreien kann. Gleichzeitig können die Juden für alles Übel in der Welt in Anspruch genommen werden. Diese Utopie hat zu Auschwitz und zu den Gaskammern geführt.[20]

Aber wofür steht eigentlich das Utopische?[21] Es steht dafür, dass wir mit unseren geistigen Kräften und mit unserem Weltverständnis immer eine Tendenz mitverfolgen, über das Gegebene hinauszugehen und danach zu fragen, wie es besser werden könnte. Das schönste Beispiel dafür finden wir in der amerikanischen Unabhängigkeitserklärung von Thomas Jefferson. Jefferson geht davon aus, dass alle Menschen geprägt sind durch das Bestreben nach Glück – »the persuit of happiness«. Alle Menschen sind gleich und alle wollen Glückseligkeit. In diesem »happiness« steckt etwas Utopisches.

Die Motivationskraft der Kunst

Unzerstörbar aber bleibt die Motivationskraft der Transzendierung, die die frühneuzeitlichen Utopien hervorgebracht haben. Daher muss die Kunst (und in gewisser Weise auch die Religion) in den Gesellschaftsvertrag einbezogen werden. Welche Rolle spielt die Kunst? Meiner Überzeugung nach hat die Kunst drei Aufgaben. Erstens ist sie eine Hermeneutik der Wirklichkeit. Sie legt Realität aus, sie führt vor Augen. Zweitens kritisiert sie die Wirklichkeit, das heißt sie deckt Inhumanität auf. Drittens entwirft sie einen »anderen Zustand« (Robert Musil), also das, was als Sehnsucht über die gegebenen Lebensbedingungen hinausgeht. Es ist in der Regel die Utopie der Humanität. In seinen entschiedensten Formen weist diese ästhetische Transzendierung von Wirklichkeit über die Kunst selber hinaus und rückt damit die Religion in den Umkreis einer notwendigen kulturellen Orientierung.

Dafür möchte ich einige Beispiele anführen. In Thomas Manns *Zauberberg* im Schneekapitel geht es um die Überwindung des Todes durch die Liebe: »Der Mensch soll um der Güte und Liebe willen dem Tode keine Herrschaft einräumen über seine Gedanken.«[22] Und am Ende des Romans heißt es: »Augenblicke kamen, wo dir aus Tod und Körperunzucht ahnungsvoll und regierungsweise ein Traum von Liebe erwuchs. Wird auch aus diesem Weltfest des Todes [dem Ersten Weltkrieg, d. Verf.], auch aus der schlimmen Fieberbrunst, die rings den regnerischen Abendhimmel entzündet, einmal die Liebe steigen?«[23]

Bei Marcel Proust gibt es ein radikales Beispiel für Transzendierung. In seinem großen Roman *Auf der Suche nach der verlorenen Zeit* findet sich eine Stelle, in der der Ich-Autor eine Tasse Tee trinkt, in die er vorher einen kleinen Madeleine-Kuchen eingetaucht hat:

»Ein unerhörtes Glücksgefühl, das ganz für sich allein bestand und dessen Grund mir unbekannt blieb, hatte mich durchströmt. Mit einem Schlage waren mir die Wechselfälle des Lebens gleichgültig, seine Katastrophen zu harmlosen Missgeschicken, seine Kürze zu einem bloßen Trug unsrer Sinne geworden; es vollzog sich damit in mir, was sonst die Liebe vermag, gleichzeitig aber fühlte ich mich von einer köstlichen Substanz erfüllt: oder diese Substanz war vielmehr nicht in mir, sondern ich war sie selbst. Ich hatte aufgehört, mich mittelmäßig, zufallsbedingt, sterblich zu fühlen.«[24]

Diese Beschreibung ist durch und durch säkular, eine literarische Transzendierung in einen trans- oder metaästhetischen Raum. Aber was beschrieben wird, kann nur als ›unio mystica‹ verstanden werden.

Wir sollten die kulturelle Transzendierungskraft des Ästhetischen als wesentliches Element in unsere Vorstellung einer zukünftigen Gesellschaft aufnehmen, der wir durch einen Gesellschaftsvertrag eine intellektuelle Grundlage geben müssen. Ob wir in einer ferneren Zukunft auch die Religion, die eine enorme kulturelle Orientierungskraft besitzt, noch in dieses Konzept als Zivilreligion integrieren wollen und können, ist eine offene Frage.

1 Pico della Mirandola, G.: Oratio de hominis dignitate / Rede Über die Würde des Menschen. Stuttgart: Reclam 1997, S. 9. **2** Kant, I.: Logik. In: Ders.: Werke. in 10 Bde. Bd. 5: Schriften zur Metaphysik und Logik. Darmstadt: Wissenschaftliche Buchgesellschaft 1968, S. 447 f. (A 25 f.) **3** Morus, T.: Utopia. In: Heinisch, K. (Ed.): Der utopische Staat. Morus: Utopia, Campanella: Sonnenstaat, Bacon: Neu-Atlantis. Reinbek: Rowohlt 1960, S. 71. **4** Locke, J.: Über die Regierung. The Second Treatise of Government. Reinek: Rowohlt 1966, S. 70 [VII, 87]. **5** Rousseau, J.-J.: Vom Gesellschaftsvertrag oder Prinzipien des Staatsrechts. In: Politische Schriften. Band 1. Paderborn: Schöningh 1977, S. 73 (1. Buch, 6. Kapitel). **6** Ebd. S. 89 f. [2. Buch, 4. Kapitel] **7** https://de.wikipedia.org/wiki/Mayflower-Vertrag [21.7.2018] **8** http://press-pubs.uchicago.edu/founders/documents/v1ch1s6.html [21.7.2018] **9** Hegel, G. W. F.: Vorlesungen über die Philosophie der Weltgeschichte. Leipzig: Meiner 1920, S. 926. **10** Dazu eindrucksvoll: Menasse, R.: Der Europäische Landbote: Die Wut der Bürger und der Friede Europas. Wien: Paul Zsolnay Verlag 2012. Siehe auch Rüsen, J.: Gibt es eine europäische Leitkultur? Ein Diskussionsbeitrag. In: Zeitdiagnosen. Studien zur Geschichts- und Gesellschaftsanalyse, Bd. 1. Wien: Passagen 2002, S. 125–133; Ders.: Europäische Identitätsbildung durch Kultur? Die Rolle der Kultur für die europäische Einigung. In: Mittag, J. (Hg.): Die Idee der Kulturhauptstadt Europas. Anfänge, Ausgestaltung und Auswirkungen europäischer Kulturpolitik. Essen: Klartext 2008, S. 215–228 **11** Borchmeyer, D.: Was ist deutsch? Die Suche einer Nation nach sich selbst. Berlin: Rowohlt 2017. Zur Vervollständigung der historischen Sachlage wäre noch eine entsprechende Untersuchung der Historiographie wünschenswert. Dazu: Berger, S. u. a. (Hg.): Narrating the Nation. Representations in History, Media, and the Arts. New York: Berghahn Books 2008; Ders.: The Search for Normality. National Identity and Historical Consciousness in Germany since 1800. Providence: Berghahnbooks 1997; Ders.: Germany. London: Hodder Arnold 2004. **12** Borchmeyer, ebd. S. 79–80. **13** Ebd. und passim. bekannt ist Schillers Diktum: »Zur Nation euch zu bilden, ihr hofft es, Deutsche, vergebens: / Bildet, ihr könnt es, dafür freier zu Menschen euch aus.« (Sämtliche Werke. Bd. I: Gedichte / Dramen I. München 1958, S. 267.) **14** Dazu Rüsen, J.: Holocaust-Erinnerung und deutsche Identität. In: ders: Zerbrechende Zeit. Über den Sinn der Geschichte. Köln, Weimar, Wien: Böhlau 2001, S. 279–299. **15** Schelsky, H.: Auf der Suche nach Wirklichkeit. Düsseldorf: Diederichs 1965. **16** Dazu Dux, G.: Warum denn Gerechtigkeit. Die Logik des Kapitals. Die Politik im Widerstreit mit der Ökonomie. Weilerswist: Velbrück Wissenschaft 2008. **17** Kleger, H.; Müller, A. (Hg.): Religion des Bürgers. Zivilreligion in Amerika und Europa. München: Kaiser 1986; Vögele, W.: Zivilreligion in der Bundesrepublik Deutschland. Gütersloh: Gütersloher Verlagshaus 1994. **18** Joas, H.: Die Sakralität der Person. Eine neue Genealogie der Menschenrechte. Frankfurt am Main: Suhrkamp 2015. **19** Ein Beispiel: Khorchide, M.: Islam ist Barmherzigkeit. Grundzüge einer modernen Religion. Bonn: Bundeszentrale für politische Bildung 2017. **20** Siehe Mommsen, H.: Die Realisierung des Utopischen: Die »Endlösung der Judenfrage« im »Dritten Reich«. In: ders.: Der Nationalsozialismus und die deutsche Gesellschaft. Ausgewählte Aufsätze. Reinbek 1991, S. 184–232. **21** Dazu Rüsen, J.; Fehr, M.; Ramsbrock, A. (Hg.): Potentiale des Utopischen. Weilerswist: Velbrück Wissenschaft 2004; Rüsen, J.; Fehr, M.; Rieger, T. W. (Hg.) Thinking Utopia. Steps into Other Worlds. New York, Oxford: Berghahn Books 2005. **22** Mann, T.: Der Zauberberg. Frankfurt am Main: G. B. Fischer 1960, S. 453. **23** Ebd. S. 657. **24** Proust, M.: In Swanns Welt. Auf der Suche nach der verlorenen Zeit. Erster Teil, Frankfurt am Main: Suhrkamp 1981, S. 63 f.

Werner Bohleber

___ ANGST UND VERUNSICHERUNG ALS QUELLE DER ATTRAKTIVITÄT VON ETHNONATIONALISTISCHEN VORSTELLUNGSWELTEN

Einleitung

Die westlichen Gesellschaften sind in den letzten Jahrzehnten durch die fortschreitende Globalisierung einer zunehmenden Veränderungs-dynamik ausgesetzt worden. Offene ökonomische Märkte, ein relativ frei zirkulierendes Finanzkapital und ungeregelte Wirtschaftsströme haben national geordnete Ökonomien und die Souveränität vieler Staaten darin beeinträchtigt, die Interessen ihrer Bürger zu regeln. Viele traditionell verankerte Sicherheiten des sozialen Zusammenhalts lösten sich auf. Vielfach artikulieren Menschen Gefühle der Unsicherheit und der Ungewissheit über die Zukunft. Soziale Verlusterfahrungen und Abstiegsängste – oft real nicht begründet – beschworen Gefühle der Bedrohung herauf. Die derzeitigen Flüchtlingsbewegungen und die vielen Asylsuchenden haben zu einer Verschärfung dieser Situation beigetragen und verunsichern das Verhältnis von Mehrheitsbevölke-rung zu Minderheiten. Als Gegenbewegung zu diesen Entwicklungen haben sich nationale Loyalitäten, »die einst als tot und begraben galten«, mit erstaunlicher Macht zurückgemeldet.[1]

Durch das weltweite Internet und durch die damit verbundenen neuen medialen Technologien zirkulieren heute weltweit unterschiedlichste Identitätsentwürfe und Vorstellungen vom Leben. Sie haben Menschen und Gesellschaften neue Impulse vermittelt, sie aber auch in bis dato nicht gekanntem Maße verunsichert. Begriffe wie »hybride Kultur«, »hybride Identität« haben Konjunktur. Darin spiegeln sich einerseits die Bemühungen der Menschen, mit ihrem kulturellen Erbe einen eigenen Weg in der heutigen Welt zu finden, andererseits ziehen diese aber auch Verunsicherung, Verwirrungen und aggressive Auseinandersetzungen nach sich. Die kulturelle Vielfalt wird für viele Menschen zur Bedrohung und führt zu einer starren Verteidigung der Tiefenschichten der eigenen Identität, Sprache und Mentalität.[2] Eine solche regressiv ausgerichtete Verteidigung leistet fundamentalistischem Denken und einem Streben nach kultureller Reinigung Vorschub, um wieder zu stabilen und mit fester Bedeutung versehenen individuellen und kollektiven Identitäten zu gelangen.

In den derzeitigen gesellschaftlichen Debatten wird immer wieder angemerkt, dass die Brisanz lange übersehen worden sei, die Fragen von nationaler und kultureller Identität in unseren westlichen offenen Gesellschaften gewonnen haben. Hier gibt es keine einfachen Antworten, denn Identitätspolitik berührt immer tiefere Schichten der menschlichen Psyche, die dabei aktiviert werden und Einstellungen und Entscheidungen beeinflussen. In meinem Vortrag möchte ich einige Aspekte dieser Problematik diskutieren.

Einige grundlegende psychologische Erkenntnisse zur Erfahrung des Fremden

Das Eigene und das Fremde sind Grundkategorien menschlichen Erlebens. Sie sind aufeinander bezogen und entfalten nicht nur in der individuellen Entwicklung, sondern auch in gesellschaftlichen Auseinandersetzungen eine eigene Dynamik. In der individuellen Entwicklung wird die Fremdenerfahrung schon sehr früh seelisch strukturiert.[3] Im Alter von acht Monaten entwickelt der Säugling eine Angst vor Fremden. Sie ist eine Reaktion auf die Wahrnehmung, dass das Gesicht des Fremden nicht mit den Gedächtnisspuren des Gesichts der Mutter übereinstimmt. Das Kind vergleicht und realisiert, nicht die Mutter vor sich zu haben und der Fremde bekommt so zu spüren, dass er nicht die vertraute Mutter ist. Fremdenangst ist deshalb im Kern Trennungsangst und Angst vor Objektverlust. In der kindlichen und jugendlichen Entwicklung führt die Auseinandersetzung mit dem Fremden über das Vertraute und Familiäre hinaus.

Wichtig ist zu verstehen, dass Fremdenangst ein bi-fokales Geschehen ist. Die Wahrnehmung des Fremden ist zwiespältig. Sie erweckt Angst und treibt uns in unsere Welt zurück, zugleich vermag sie aber zu faszinieren und uns aus unserer Welt herauszulocken.[4] Die Begegnung mit dem Fremden eröffnet neue Perspektiven, kann aber auch zu einer rückwärtsgewandten Selbstversicherung durch die Idealisierung des Eigenen führen.

In ihrer berühmt gewordenen Untersuchung *Fremde sind wir uns selbst* hat Julia Kristeva[5] die Wirkung des Fremden auf die eigene Psyche weiter untersucht. Ihr Grundgedanke ist, dass wir in uns selbst stets einen unbewussten Teil unserer Persönlichkeit tragen, der uns fremd geworden ist. Unsere infantilen Wünsche und Ängste, die uns früher vertraut waren, aber verdrängt worden sind, präsentieren sich dem Bewusstsein als fremd und nicht als uns selbst zugehörig. Da die unbewussten Strebungen nach Ausdruck suchen, machen wir den fremden Anderen mittels unserer Projektionen zum Träger unserer eigenen, aber »uneigen« gewordenen unbewussten Vorstellungen und Strebungen. »Wenn wir den Fremden fliehen oder bekämpfen, kämpfen wir gegen unser Unbewusstes – dieses ›Uneigene‹ unseres nicht möglichen ›Eigenen‹.«[6] Geht es gesellschaftlich und politisch um Integration der Fremden, dann kann das für Kristeva nicht zum Ziel haben, die Fremden uns anzugleichen und zu assimilieren, sondern die Konfrontation mit dem Fremden bietet uns die Chance, uns unseres eigenen Unbewussten bewusst zu werden und damit die Fremden in unsere eigene Fremdheit aufnehmen zu können. Am Schluss ihrer Untersuchung stellt Kristeva sich dem Problem, dass das Frankreich von heute andere Ethnien nicht mehr wie gewohnt durch die Kultur vereinheitlichen und homogenisieren kann. Es gibt kein großes Ganzes mehr wie die Idee der Nation oder die Religion, die alle umschließen könnte. Für Kristeva bleibt dann nur eine persönliche psychologisch-moralische Lösung: Es gelte gesellschaftlich Mentalitäten zu entwickeln, in denen uns die Anerkennung unserer eigenen Fremdheit Respekt vor der Fremdheit des Anderen ermöglicht.

Slavoj Žižek argumentiert in eine ähnliche Richtung. Es könne nicht darum gehen, dass wir uns in den Fremden wiedererkennen und uns überzeugen, dass sie letztlich so sind wie wir, sondern wir müssen vielmehr einen Fremden in uns selbst erkennen. In dieser Wendung komme die innerste Dimension der europäischen Moderne zum Tragen.[7]

Kristevas Analyse des Fremden ist beeindruckend, sie kann uns als Einzelnem in der Begegnung mit Fremden helfen, innezuhalten und danach zu fragen, was es mit uns selbst zu tun hat, wenn wir geneigt sind, ängstlich, ablehnend, mit entwertenden Gedanken oder mit aggressiven Affekten zu reagieren. Solche Reaktionen haben in der Regel mit eigenen abgewehrten unbewussten Selbstanteilen zu tun. Sie wahrzunehmen und sie zu reflektieren hilft uns, Projektionen auf den Fremden zurückzunehmen und ihm offener begegnen zu können.

Aber Kristevas Analyse ist in einer wichtigen Hinsicht zu begrenzt. Die Fremden sind nicht nur einzelne Individuen, die uns gegenübertreten, sondern wir erleben sie auch in der Polarität von ›wir‹ und ›sie‹, einer Polarität, die Differenzierung nach Kategorien mit sich führt, die gesellschaftlich geschaffen worden sind, wie etwa die polaren Stereotypien »schwarz – weiß«.[8] Daraus entsteht eine Großgruppendynamik, die noch andere Ursachen hat als die Notwendigkeit, unser eigenes Unbewusstes bei der Wahrnehmung des Fremden anzuerkennen. Soziale Randgruppen, Flüchtlingsgruppen und Minderheiten sind stets in Gefahr von der Mehrheit der Bevölkerung mit negativen Stereotypien und Vorurteilen wahrgenommen zu werden, die oft bar jeder Realitätskontrolle sind. Die Fremden werden dann nicht als gleichwertig wahrgenommen, sondern werden zum Objekt von abwertenden Überzeugungen, Diskriminierungen und Feindseligkeiten. Es sind gruppenspezifische Vorurteile, die den einzelnen Fremden ganz unabhängig von seiner Individualität treffen. Salman Akhtar spricht von der seelischen Pein, die Minderheiten durch den verzerrten Blick der Mehrheitsbevölkerung zu erleiden haben, der sie zum Ziel ihrer dehumanisierenden Projektionen macht.[9]

Das Fatale daran ist, dass die Angehörigen der Minderheit sich nicht davor schützen können, sondern den entwertenden Blick internalisieren, mit gravierenden Auswirkungen auf ihr Selbstgefühl. Ich kann diesen Aspekt hier nicht weiterverfolgen, mein Thema sind die Vorstellungswelten der Mehrheitsgesellschaft.

Das Phantasma einer homogenen Gesellschaft

Zunächst möchte ich einige wichtige Daten aus der neuen Mitte-Studie der Friedrich-Ebert-Stiftung zu den rechtsextremen Einstellungen in Deutschland von 2016 darstellen. Die Autoren Andreas Zick, Beate Küpper und Daniela Krause stellen fest, dass sich die Tendenz zur Polarisierung von politischen Meinungen in den letzten Jahren verschärft habe und sie sprechen von einem tiefen Spalt, der in der Gesellschaft entstanden sei und der derzeit als kaum überbrückbar erscheine. Während die Mehrheit der Befragten nach wie vor demokratische Grundwerte mit einer Anerkennung von Vielfältigkeit und Gleichwertigkeit vertritt, teilt eine umfangreiche Minderheit Positionen gegen Modernisierung, Liberalität und Weltoffenheit. Zunächst fällt an den Daten auf, dass trotz aller kontroversen öffentlichen Debatten über die Flüchtlinge die Mehrheit der Deutschen, insgesamt 81% der Befragten, eine positive Einstellung gegenüber der Aufnahme der Geflüchteten hat, während 19% dazu negativ eingestellt sind. Bei den Fragen nach dem inneren Zusammenhalt der Deutschen wird allerdings eine tiefer sitzende Ambivalenz erkennbar. Zwar wird die kulturelle Vielfalt und die offene Gesellschaft von einer überwältigenden Mehrheit der Befragten positiv bewertet: 85% sind der Ansicht, dass »verschiedene kulturelle Gruppen unsere Gesellschaft bereichern«. Aber gleichzeitig stimmen 50% der Aussage zu »Der Zusammenhalt der Deutschen ist gefährdet« und über 30% gehen noch weiter und haben Angst um den Verlust der deutschen Kultur und empfinden unsere Gesellschaft als von Muslimen überfremdet.[10]

Wie sind diese widersprüchlichen Aussagen zu erklären? Die Gründe, die hier eine Rolle spielen, sind vielfältig. Darauf kann ich nicht weiter eingehen und begrenze mich auf einen zentralen Aspekt, nämlich auf die Vorstellungswelt der Homogenität. Die Idee der Homogenität wird nicht immer bewusst vertreten, sondern bleibt oft latent, kann aber als Motiv hinter anderen Aussagen erkennbar werden. Zwar stimmen viele der Befragten einer offenen Gesellschaft und einer kulturellen Vielfalt zu, was aber nicht heißt, dass die Vorstellung einer homogenen Gemeinschaft nicht doch noch eine emotionale Attraktivität besitzt, die dann in bestimmten konfliktbelasteten politischen und gesellschaftlichen Zusammenhängen zum Tragen kommt. Dazu möchte ich noch einige Daten aus der Studie der Friedrich-Ebert-Stiftung darlegen.

Rechtspopulistische und neurechte Ideologien vertreten offen die Restaurierung einer nationalen homogenen Volksgemeinschaft. Sie ist das Kernelement der Neuen Rechten. Diese ideologische Vorstellung entfaltet offensichtlich eine nicht zu unterschätzende Attraktivität und kann erklären, weshalb 28 % der Bevölkerung zu neurechten Einstellungen tendiert und sogar 40 % der Befragten meinen, die deutsche Gesellschaft werde durch den Islam unterwandert.[11] Zick und Küpper konnten zeigen, dass Homogenitätsvorstellungen schon rein statistisch einen eigenständigen Einfluss auf die Aussagen haben, der sich weder durch andere Faktoren wie Autoritarismus und soziale Dominanzorientierung noch durch eigene soziale Benachteiligung erklären lässt.[12]

Was lässt sich nun von Seiten der Psychoanalyse zu dieser Attraktivität des Phantasmas einer homogenen Gesellschaft sagen? In der sozialpsychologischen Leipziger Mitte-Untersuchung von Decker, Kiess & Brähler stimmten 2016 50 % der Befragten der Aussage zu, dass sie sich angesichts vieler Muslime »wie ein Fremder im eigenen Land« fühlen. In der Bielefelder Untersuchung lag die Zustimmung zu der Aussage bei 35 %. Betrachten wir den Sachverhalt etwas näher. In diesen oder ähnlichen Aussagen artikuliert sich ein Gefühl, einen großen Verlust erlitten zu haben. Stephan Lessenich spricht von einer hilflosen Rebellion gegen den Verlust einer Welt, wie wir sie kannten und gegen die

Veränderungen, die damit einhergehen und die als aufgezwungen erlebt werden.[13] Diesem Verlustgefühl liegt die Tatsache zugrunde, dass Mitglieder von Großgruppen oder Bevölkerungen, wenn es um ihre kollektive Identität geht, sich untereinander als ähnlich oder gleich erleben. Das heißt in ihrer Wahrnehmung identifizieren sie sich als Kollektiv miteinander (z. B.»wir sind alle Deutsche«) und blenden die individuellen Unterschiede aus. Emotional übt das Gefühl der Gleichheit einen enorm erhebenden Einfluss aus, ist aber auf der anderen Seite labil und kann durch die Anwesenheit von anders aussehenden Fremden erschüttert werden oder in sich zusammenfallen und Abwehrreaktionen hervorrufen. Angesichts all der anders Aussehenden ›ist man nicht mehr unter sich‹ und das Gefühl, in einem vereinheitlichten Ganzen heimisch zu sein, entschwindet. Das Andere, das sich in den Fremden oder in den Flüchtlingen manifestiert, erzeugt im Inneren durch die Konfrontation mit dem Ideal des vereinheitlichten Ganzen eine schmerzhafte Spannung und bringt die eigene Selbstvergewisserung durch einen Rückgriff auf die Zugehörigkeit zu einem idealen nationalen Objekt ins Wanken. Häufig wird dann Aggression gegen die Anderen aktiviert, um das Verlustgefühl abzuwehren und das eigene Selbstgefühl zu sichern. Zugehörigkeit wird dabei nicht politisch als Staatsbürgerschaft, die Schutz gewährt, empfunden, sondern in Kategorien von kulturell-ethnischer Identität und Einheitlichkeit erlebt. Die nostalgische Sehnsucht, die daraus entsteht, ist zumeist mit Ressentiments verbunden und kann von rechten Populisten politisch in Dienst genommen werden. Politikern wird dann der Vorwurf gemacht, das Eigene nicht mehr schützen und verteidigen zu wollen, sondern es »in einem übertriebenen Humanitarismus« dem Fremden unterzuordnen.[14] Im Grunde handelt es sich um eine abgewehrte Trauerreaktion, die nicht akzeptieren will, eine Welt, wie wir sie bisher kannten, verloren zu haben und sich auf Veränderungen einstellen zu müssen, die unsere offene liberale Gesellschaft zu bewältigen hat.

Es kommt daher nicht von ungefähr, dass Innenminister Horst Seehofer den Begriff der Heimat anstelle der ›Leitkultur‹ für das große vereinigende Ganze in Dienst nimmt und als Schutzraum für die von den »Verunsicherungen und Ängsten der Globalisierung betroffenen Menschen«

einsetzen möchte. Die Globalisierung habe zu einer »Entgrenzung aller Lebensverhältnisse geführt« und mache die Menschen heimatlos. Auf der Suche nach einem neuen Zusammenhalt in der Gesellschaft, vertritt Horst Seehofer die Rückbesinnung auf den Begriff der Heimat als einer »nachhaltigen Erfahrung mit anderen Menschen in mehr oder weniger eingrenzbaren Räumen« zusammen zu sein.[15] Gegenüber der Raumkategorie der ›offenen Gesellschaft‹ schwingt hier die Vorstellung des Abgegrenzten und Geschlossenen mit. Der Begriff der Heimat besitzt ein emotional tiefgründig verankertes Assoziationsfeld. Hier kommen, verglichen mit einer offenen liberalen Gesellschaft, provinziellere, aber kulturell tiefer verwurzelte Identitäten ins Spiel. Aufgrund seiner emotionalen Valenzen eignet sich der Begriff ›Heimat‹ und die mit ihm verwandte Vorstellung des ethnischen Nationalstaates hervorragend dafür, politisch-ideologisch instrumentalisiert und projektiv aufgeladen zu werden. Der Philosoph Marc Jongen, einer der geistigen Köpfe der AfD, äußerte sich in einem Interview 2016 folgendermaßen: Sie, die AfD, sei die »Lobby des Volkes«. Die Gefahr in der liberalen demokratischen Gesellschaft liege in der »Zersplitterung in zu viele Einzelinteressen«, während die AfD »zum Wohle des Ganzen« arbeite. Jongen stellt fest:

»Wir waren jetzt länger in einer historischen Phase der Differenz und der Nichtidentität, der Abkehr vom Eigenen. Diese Phase ist offenkundig an ein Ende gelangt, daraus geht nichts Produktives mehr hervor. Wir rücken jetzt in eine neue Identitätsphase ein. Davor muss man keine Angst haben, denn die Hauptgefahr liegt heute ja nicht darin, dass wir in Identität erstarren und in einen aggressiven Nationalismus verfallen, sondern dass wir das Eigene ganz verlieren.«[16]

Jongen lehnt Einwanderung nicht grundsätzlich ab. Er zitiert die polnische Einwanderung zu Beginn des 20. Jahrhunderts und betont, dass diese Menschen inzwischen alle Deutsche geworden seien. Der Leitgedanke dieser Vorstellungswelt ist die Assimilation oder »Verähnlichung«, gespeist von Reinheits- und Einheitsphantasmen. Pierre-André Taguieff spricht diesbezüglich von einem »xenophagen (fremdenfressenden), uniformierenden« Nationalismus, bei dem alles dem Ideal einer hypostasierten Eigengruppe »gleichgemacht« werden muss.[17] Ein narzisstisches Ideal der Vereinheitlichung und kulturellen Homogenisierung durch Reinigung ist darin am Werke, das letztlich gewaltsam durchgesetzt werden muss und nichts Anderes, nichts Abweichendes dulden kann.

Ethnisch geschlossene Identität und Reinheitsphantasmen

Der indische Anthropologe Arjun Appadurai hat in mehreren Forschungsprojekten die in ihrer Neuartigkeit verstörenden Aspekte der Globalisierung untersucht und das neue Gewaltpotential, das diese Entwicklung hervorgebracht hat, ins Zentrum gestellt. Dabei ist für ihn der weltweite Angriff auf kulturelle oder politische Minderheiten am schwersten zu verstehen.[18] Minderheiten eignen sich für viele Staaten bzw. Gesellschaften als Projektionsfläche für die eigenen Ängste vor wirklicher oder phantasierter Unterlegenheit oder Marginalisierung. Die Verunsicherung und Kränkung, den globalen Entwicklungen mehr ausgesetzt zu sein, als sie beeinflussen zu können, führt zu einer mangelnden Toleranz gegenüber jeder Art von kollektivem Fremdem und lässt neuartige Reinheitsphantasmen entstehen, die sich in Gewalt gegen Minderheiten entladen können. Hinter dem modernen Nationalstaat stecke – so Appadurai – eine fundamentale Idee, nämlich die des »nationalen Ethnos«, die wie ein ethnisches Phantasma herumgeistere und eine »Angst vor der Unvollständigkeit« erzeuge.

Eine solche Angstvorstellung kann gegenüber Minderheiten politisch instrumentalisiert werden und numerische Mehrheiten dazu bringen, eine aggressive und geradezu mörderische Haltung einzunehmen, weil die Existenz von Minderheiten sie daran hindere, »ihren Status als Mehrheit zu dem einer unbefleckten Gemeinschaft, zu einem makellos reinen Ethnos auszubauen«.[19] Die Globalisierung habe dieser Idee des reinen Ethnos Kränkungen zugefügt und mache sie zu einem gefährlichen Phänomen. Die Minderheit sei dabei lediglich das Symptom, während das Ertragen von Differenz das zugrunde liegende Problem für die Mehrheitsgesellschaft sei.

Ähnlich formuliert es der holländische Sozialwissenschaftler Peter Geschiere. Auch er sieht in der heute verbreiteten Suche nach Zugehörigkeit die Kehrseite der sich intensivierenden Prozesse der Globalisierung. Deshalb finde die Idee der Neuen Rechten, eine »autochthone Identität« wiederherzustellen, Zuspruch in der Bevölkerung: Die Idee »wird von der Vision eines von der Andersheit befreiten Universums inspiriert. *Eine* Folge ist ein fast paranoider Drang zur Reinigung und eine unendliche Suche nach fremden Elementen, die sich im Inneren verbergen«.[20] Diese Suche kann in eine massive verfolgende Aggression gegen diejenigen münden, die anders sind und dadurch den inneren Zusammenhalt bedrohen. Die Koexistenz mit Anderem oder Abweichendem kann nicht toleriert werden und die Vermischung ist die Hauptangst von Rechtspopulisten und Fremdenfeinden. Reinheit ist nur durch Ausschluss zu erreichen. Auf diese Weise sind die Zugehörigkeit zu einer idealisierten, reinen Gemeinschaft und Verfolgungsgewalt eng miteinander verbunden und voneinander abhängig.

Globalisierung und die Phantasie des bergenden Ganzen

Die Vorstellung der Neuen Rechten von einer ethnopluralistischen Welt homogener Nationen hat Isaiah Berlin als »Ideologie des Organizismus« charakterisiert.[21] In ihr werden komplex zusammengesetzte Kulturnationen ethnisch vereinnahmt. Werte, Ziele und Zwecke erhalten dabei ihre Legitimation nur aus ihrer organischen Einbindung in das Volk oder die Nation. Der Einzelne wird in das unauflösliche und unanalysierbare organische Ganze eingeordnet, er soll sich selbst von seiner Gruppenzugehörigkeit her verstehen und seine individuelle und kulturelle Identität daraus ableiten. Als Schreckgespenst gilt dabei ein von Menschenrechten geleiteter Universalismus offener Gesellschaften. Der Fremde passt nicht zum eigenen Volk und soll seine Eigenart anderswo leben. Politisch ist dann die Rede von ›wahren Finnen‹, ›wahren Polen‹ oder ›authentischen Ungarn‹, oder ›Deutschland den Deutschen‹ und ›Frankreich den Franzosen‹. In diesem Reden wird ein Ethnopluralismus propagiert, bei dem jede Ethnie in ihrem geschichtlich gewachsenen Gebiet leben soll. Gewinnt ethnisches Denken in einer Gesellschaft und ihren Mitgliedern die Oberhand, so aktiviert eine solche kollektive Ideenwelt im Individuum Phantasien und Sehnsüchte nach organischer Einheit. Man gehört nicht nur sich selbst, sondern ist Glied eines großen Ganzen und das eigene kleine Ich kann sich phantasmatisch in dem großen Ganzen auflösen. Differenz und Andersartigkeit werden dann als mentale Inhalte erlebt, die verschmutzen und ausgestoßen werden müssen. Wenn alles weiß sein soll und man selbst sich als Teil davon empfindet, so stört das Farbige, denn es bringt den Zustand einer narzisstischen Selbstvergewisserung und das Empfinden von Einheitlichkeit zum Kippen.

Im Kern der nationalen Identifizierung steckt somit ein illusionär allmächtiges Hochgefühl, Teil eines großen Ganzen zu sein, das sich politisch in einem Phantasma der Einheit und des »reinen Ethnos«[22] verkörpern kann. Solche angestrebten ideal-narzisstischen Zustände von Reinheit und Homogenität ertragen keine Abweichungen und sind deshalb mit Paranoia und Gewalt verschwistert. Geleugnet wird letztlich die Unaufhebbarkeit der Differenz und der Ambivalenz im menschlichen Leben.

Schluss

Wir alle wissen aus eigener Anschauung, wie konflikthaft unsere Einstellung zum Anderen und zur Welt sein kann und wie schwer es uns fällt, die sich darin manifestierende Ambivalenz zu ertragen. Gelingt dies, wird es möglich, in der Begegnung und im Zusammenleben mit dem Fremden die Welt auch aus der Perspektive des Anderen zu sehen. Es ist kein einmaliger Akt, sondern ein Prozess, der uns immer wieder dazu zwingt, unsere eigenen Ängste zu durchschauen und die Idealisierung eigener Vorstellungen zu reflektieren.

Schließen möchte ich mit einem Zitat von Zygmunt Bauman: »Die Fähigkeit zu einem Leben, das mit Unterschieden umzugehen weiß, ist eine Kunst, die Übung und Training erfordert. Die Unfähigkeit, sich der Vielfalt der Menschen und der Vieldeutigkeit jedweder Klassifikation auszusetzen, wächst hingegen von selbst: Je wirkungsvoller das Streben nach Homogenität sowie die Neigung, Differenzen auszumerzen ist, desto schwieriger wird es, sich in Gegenwart von Fremden wohl und zu Hause zu fühlen; je bedrohlicher die Differenzen erscheinen, desto größer die Angst, die sie erzeugen.«[23]

1 Krastev, I.: Europadämmerung. Ein Essay. Berlin: Suhrkamp 2017. **2** Ignatieff, M.: Die Zivilisierung des Krieges. Ethnische Konflikte, Menschenrechte, Medien. Übers. M. Benthack. Hamburg: Rotbuch Verlag 2000 [1998]. **3** Spitz, R.: Vom Säugling zum Kleinkind. Naturgeschichte der Mutter-Kind-Beziehungen im ersten Lebensjahr. Übers. G. Theusner-Stampa. 3. Aufl. Stuttgart: Klett 1972 [1965]. **4** Erdheim, M.: Das Eigene und das Fremde. Über ethnische Identität. Psyche – Z Psychoanal 1992, 46, 730–744. **5** Kristeva, J.: Fremde sind wir uns selbst. Frankfurt/M.: Suhrkamp 1990 [1988]. **6** Ebd., S. 208 f. **7** Žižek, S.: Flüchtlingsdebatte: Es fehlt ein nüchterner Blick auf uns selbst. Die Zeit 2016, Nr. 16, 7.4.2016, 44–45. **8** Dalal, F.: Racism: Processes of detachment, dehumanization, and hatred. Psychoanal Quart 2006, 75, 131–161. **9** Akhtar, S.: Mind, culture and global unrest. London: Karnac 2017. **10** Zick, A., Küpper, B., Krause, D.: Gespaltene Mitte – Feindselige Zustände. Rechtsextreme Einstellungen in Deutschland 2016. Bonn: Dietz 2016, S. 18, S. 45. **11** Ebd., S. 155 ff. **12** Zick, A, u. Küpper, B.: Zusammenhalt durch Ausgrenzung? Wie die Klage über den Zerfall der Gesellschaft und die Vorstellung von kultureller Homogenität mit Gruppenbezogener Menschenfeindlichkeit zusammenhängen. In: Heitmeyer, W. (Hg.): Deutsche Zustände. Folge 10, S. 152–178. Berlin: Suhrkamp 2012, S. 171. **13** Vgl. Lessenich S.: Die Welt zu Gast bei Fremden. Frankfurter Allgemeine Sonntagszeitung, Nr. 39, 2.10.2016. **14** Jongen, M.: »Wir sind die Lobby des Volkes«. Deutschlandradio Kultur, 2.7.2016 www.deutschlandradiokultur.de/afd-politiker-marc-jongen-wir-sind-die-lobby-des-volkes.990.de.html ?dram:article_id=358728 **15** Interview mit Horst Seehofer in der FAZ vom 30.4.2018 **16** Interview mit Marc Jongen in Die Zeit, Nr. 23, 25.5.2016 **17** Taguieff, P.-A.: Die Metamorphosen des Rassismus und die Krise des Antirassismus. In: Bielefeld, U. (Hg.): Das Eigene und das Fremde. Neuer Rassismus in der Alten Welt? Hamburg: Junius 1991, S. 221–268. **18** Vgl. Appadurai, A.: Die Geographie des Zorns. Übers. B. Engels. Frankfurt/M.: Suhrkamp 2009 [2006], S. 54. **19** Ebd., S. 21. **20** Geschiere, P.: The perils of belonging. Autochthony, citizenship, and exclusion in Africa and Europe. Chicago, London: The University of Chicago Press 2009, S. 224. **21** Vgl. Berlin, I.: Der Nationalismus. Frankfurt/M.: Hain 1990. **22** Appadurai, A.: Die Geographie des Zorns. Übers. B. Engels. Frankfurt/M.: Suhrkamp 2009 [2006]. **23** Bauman, Z.: Unbehagen in der Postmoderne. Übers. W. Schmaltz. Hamburg: Hamburger Edition 1999 [1997], S. 126 f.

Aleida Assmann

___AUF DER SUCHE NACH EINEM NEUEN »WIR« ZWISCHEN OST UND WEST

Der Zustand unserer Demokratie

Eigentlich glaubten wir doch zu wissen, was Demokratie ist. Wir lebten ja in einer, zufrieden und sicher, und mussten uns über sie keine weiteren Gedanken machen. Im Kalten Krieg gab es den Gegensatz ›Westen versus Osten‹, da war alles noch ganz einfach. Westen bedeutete Demokratie, Individualität und Freiheit, Osten bedeutete Kollektivierung, das waren die nicht-demokratischen sowjetischen Brudervölker jenseits der Mauer und Grenze. Sie nannten sich zwar auch Demokraten, wie die DDR, vertraten aber den realexistierenden Sozialismus, der nach unserem Verständnis keine demokratischen Verfahren zuließ.

Wenn wir heute zurückblicken, zeigen sich in diesem Bild etliche Verwerfungen. Für die 68er Generation zum Beispiel, die einen Befreiungskampf kämpfte und jetzt 50 Jahre später für die Demokratisierung der BRD gefeiert wird, war diese Bundesrepublik das Feindbild und die DDR das Vorbild. Als am 21. August 1968 die sowjetischen Panzer den Prager Frühling gewaltsam beendeten, starb Jan Palach. Weil diese demokratische Jugend-Revolte aber nicht in das gängige revolutionäre Muster passte, machte es auf die 68er keinen tiefen Eindruck. Im Westen bzw. Süden gab es bis in die 1970er Jahre hinein noch faschistische Diktaturen in Portugal, Griechenland und Spanien. Im Ostblock kam es 1981 zur ersten erfolgreichen Demokratisierungsbewegung durch die Werftarbeiter von Solidarność in Polen – acht Jahre vor dem Fall der Mauer. In den 1990er Jahren wurden drei weitere westliche Länder (Schweden, Finnland und Österreich) und zwölf zentral- und osteuropäische Länder in die EU aufgenommen. Nach dieser sprunghaften Erweiterung der EU sah es eine ganze Weile so aus, als hätte die Demokratie gewonnen, und das nicht mit Waffen, sondern mit den sanften Mitteln des Protests, der Worte und Überzeugungen.

Heute stehen wir am Ende dieser Entwicklung der friedlichen Erfolgsgeschichte der EU. Ich habe bis jetzt im Modus des ›Wir‹ gesprochen. Der Punkt ist aber, dass es dieses ›Wir‹ nicht mehr gibt. Was damals noch als Konsens gelten konnte, stößt heute an klare Grenzen der Zustimmung. Das Blatt hat sich gewendet: Die stille Überzeugungskraft eines demokratischen Europas als dritter Weg zwischen West und Ost scheint erschöpft. Auch das Modell der Zivilgesellschaft sieht sich durch das Modell einer ›unzivilen‹ Gesellschaft infrage gestellt. Das Klima ist rauh geworden, Demagogen haben Konjunktur, Hassrhetorik mit shitstorms und Morddrohungen breitet sich aus. Wo vorher Gräben zugeschüttet und Grenzen überwunden wurden, tun sich heute Abgründe auf und werden Grenzen befestigt. Genau darauf habe ich mit meinem Buch über Menschenrechte und Menschenpflichten reagiert. (Zu meinem Erstaunen und zu meiner Verwirrung habe ich bei dieser Arbeit gelernt, dass die Menschenrechte unter Intellektuellen gegenwärtig keine gute Presse haben. Wer etwas auf sich hält, verschreibt sich den Lehren von Carl Schmitt und richtet die Schärfe seiner Kritik oder Verachtung gegen die Menschenrechte.) An die Stelle eines Plädoyers für eine deutsche Leitkultur, die die einen immer schon besitzen und die anderen jetzt schnell lernen müssen, setzte ich dabei die Suche nach einem neuen Gesellschaftsvertrag mit Regeln eines friedlichen Miteinander und den Respekt gegenüber dem Anderen, also Formen des Umgangs und Anstands, die für *alle* gelten. Dabei schien es mir wichtig, nicht von dem auszugehen, was uns unterscheidet, sondern von dem, was wir gemeinsam haben und was alle brauchen. Das war als ein Vorschlag zur praktischen Umsetzung von Demokratie im Alltag gemeint – in der Ehe und Familie, aber auch vor der Haustür, auf der Straße, in der Nachbarschaft, den Städten, Gemeinden und Vereinen.

Der Gesellschaftsvertrag einer Demokratie ist ja in das Grundgesetz des Rechtsstaats eingeschrieben, was bedeutet, dass Differenz und Vielfalt anerkannt werden und autokratische Lösungen, patriarchalische Rollenmuster und Gewaltverherrlichung abgelehnt werden. Dieser Begriff von Demokratie wird aber, wie ich inzwischen feststelle, nicht mehr von allen geteilt. Statt einem gibt es inzwischen zwei Begriffe von Demokratie, die nebeneinander bestehen und sich gegenseitig ausschließen.

Ich möchte die Spaltung unserer Gesellschaft mithilfe einer Ellipse mit zwei Brennpunkten veranschaulichen. Die beiden Brennpunkte markieren dabei zwei gegensätzliche Vorstellungen von ›Demos‹ und Demokratie. ›A‹ steht dabei für das herkömmliche Verständnis von einem pluralistischen Demos und einer Demokratie, in der eine kritische Zivilgesellschaft eine wichtige Rolle spielt, die als Stütze und Motor dieser Demokratie geschätzt wird. ›B‹ steht für das neue populistische Verständnis von Demos als einem kompakten und ethnisch homogenen ›Volk‹, das Demokratie als Allein-Herrschaft dieses Volks versteht. Andere Stimmen sind dann nämlich nicht mehr zugelassen und werden, ohne Gewalt anwenden zu müssen, durch entsprechende Rahmenbedingungen effektiv ausgeschlossen. Die deutlichste und expliziteste Formel für dieses Demokratieverständnis war die Kampfansage Alexander Gaulands nach dem Wahlerfolg der AfD im September 2017: »Wir werden sie jagen! Wir werden Frau Merkel oder wen auch immer jagen! Und wir werden uns unser Volk und unser Land zurückholen!« Eine andere Formulierung Gaulands ist: »Wir treten aufs Gaspedal und treiben die anderen vor uns her!« Dieser völkische Demos beansprucht also die Alleinvertretung des ganzen Landes und schließt Kooperation mit anderen Gruppen explizit aus. Auf diese Weise kommt es zu einer Polarisierung zwischen dem ›Wir‹ und den ›Anderen‹ und zu einer wilden, verwegenen Jagd auf alle, die sich den eigenen Zielen entgegenstellen.

Gaulands Kommentar war eine Kampfansage. Inzwischen ist klar geworden, dass er den Mund nicht zu voll genommen hat. In einigen europäischen Nachbarstaaten hat sich der Demokratiebegriff bereits entscheidend verändert und ein tiefgreifender Wandel vollzogen. In

Polen zum Beispiel regt sich ein uralter und lange von feindlichen Mächten gebrochener Nationalstolz, der die Polen als unbeugsame Helden und Märtyrer feiert. Dieses Selbstbild ist sicherlich nicht falsch, aber auch nicht die ganze Geschichte dieses Landes. Die historischen Lücken des nationalen Gedächtnisses verhindern nicht nur ein Verantwortungsbewusstsein für Minderheiten und Empathie für andere Gruppen. Sie nähren auch ein Bedrohungsbewusstsein und erklären jetzt paradoxerweise die EU zu ihrem Feind, die doch diesen Staat ausdrücklich schützt!

Ähnliches gilt in Ungarn. Dort werden alle EU-nahen Institutionen (wie etwa die Europäische Universität in Budapest) abgebaut und als ›ausländische Spione‹ verunglimpft. Kultur, sofern es sie noch gibt, wird entweder staatlich vereinnahmt oder vernichtet, wie soeben das Georg-Lukács-Archiv, eine Kombination aus Privatmuseum, Bibliothek und unabhängiger Forschungsinstitution. Die Regierungsmitglieder bekämpfen nach außen hin Korruption, bereichern sich aber persönlich an EU Geldern. Das Gewalt-Monopol der Regierung ist längst dadurch konsolidiert, dass zum Beispiel eine neu zu gründende Partei durch das Medienmonopol der Regierung keine Informationsplattform bekommt und eine neu gegründete Zeitung von den Firmen keine Inserate. Das ist die Realität des zweiten Brennpunktes der Ellipse, Demokratie B. Man spricht inzwischen von ›illiberalen‹ oder ›autokratischen‹ Demokratien. Diese sind aber nicht einmal der Schein einer Demokratie, sondern ihr Hohn. »Wir sollten den Begriff der Demokratie wieder schärfen und ihn nicht denjenigen zur Manipulation überlassen, die illiberale oder autoritäre Ziele verfolgen«, sagte Bundespräsident Frank Walter Steinmeier in seiner Rede auf dem Politologen-Kongress in Frankfurt. Und er fügte hinzu: »Demokratie ist entweder liberal, oder sie ist nicht.«[1] Vielen Menschen scheint dies inzwischen aber egal zu sein, solange sie sich stolz, geborgen und sicher fühlen können. Um diese Haltung zu gewährleisten und zu stabilisieren, muss die illiberale Demokratie ihren Demos in einer permanenten emotionalen Abhängigkeit halten, indem sie ihn täglich mit bedrohlichen Feindbildern von Massenmigration und exotischen Fremden terrorisiert und sich dabei zugleich als Retter und Überwinder allen Übels anpreist.

»Wir Deutschen sind ein Volk und eine Nation. Wir fühlen uns zusam-
mengehörig, weil wir dieselbe Geschichte durchlebt haben.« Diese
Sätze sagte ein anderer Bundespräsident, Richard von Weizsäcker,
1985, fünf Jahre vor der Wiedervereinigung in seiner berühmten Rede
zum 40. Jahrestag des 8. Mai. Das eine Volk und die eine Nation lebte
damals noch in zwei Staaten. Heute, 29 Jahre nach der Wiedervereinigung lebt eine Gesellschaft in einem Staat, aber im Zusammenhalt
dieser Gesellschaft zeigen sich bedenkliche Risse, weil das eine Volk
und die eine Nation eben doch nicht dieselbe Geschichte durchlebt hat.
Ernest Renans Antwort auf die Frage, was eine Gesellschaft zusammen-
hält, lautete: »Das gemeinsame Leiden verbindet mehr als die Freude.«
Heute müssen wir Weizsäcker und Renan beide korrigieren. Es ist nicht
mehr dieselbe Geschichte oder dasselbe Leiden, das Menschen zusam-
menhält, sondern in Zeiten der Massenmigration ein akutes Bedrohungsbewusstsein und ein neues Feindbild.

Die Zukunft Europas

Das Symbol der EU ist der Sternenkreis. Alle Sterne sind deutlich voneinander abgehoben, sind gleich groß und jeder ist gleich weit vom
Zentrum entfernt. Wir alle wissen, was im Zentrum der EU steht; das
ist so offensichtlich, dass wir nicht viele Worte darüber verlieren müssen. Im Zentrum der EU steht natürlich der Euro. Die EU hat ja als eine
Wirtschaftsgemeinschaft begonnen und hat sich als eine Wirtschaftsgemeinschaft erweitert. Die Erfahrung der Massenmigration hat in eine
Krise geführt, die plötzlich das Selbstverständnis der EU infrage stellt.
Der Sternenkreis reicht da als Leitbild nicht mehr aus, denn wenn das
Zentrum wirklich leer bleibt, dann steht der Zusammenhalt der EU auf
dem Spiel. Wir haben lange das Motiv als ein Symbol für ›Einheit in
der Vielfalt‹ hingenommen und es als ein Bild prästabilierter Harmo-
nie verstanden, wie es uns die offizielle Integrationsrhetorik der EU
nahelegte. Heute jedoch in Zeiten der inneren Spaltungen und Anti-Eu-
ropa-Kampagnen müssen wir uns mit viel größerem Ernst fragen: Was
hält die Sterne eigentlich noch zusammen und davon ab, aus ihrer
Kreisbahn zu treten, zu entgleisen und auseinanderzufallen? Diese

Frage ist immer drängender geworden in einer Zeit, wo transnationale Solidarität bröckelt und die zentrifugale Kraft von Nationalismen immer stärker wird. Was könnte als verbindende Kraft in der Mitte des Symbols stehen?

Mein Vorschlag dazu lautet: der ›europäische Traum‹. Diesen Begriff habe ich in Anspielung auf den und in Abgrenzung von dem ›amerikanischen Traum‹ gebildet. Nationalstaaten, das wusste schon Ernest Renan, werden durch einen »nationalen Mythos« zusammengehalten. Ein solcher fundierender Mythos ist der ›amerikanische Traum‹. »Als Amerikaner«, so kommentierte Leslie Fiedler »sind wir Bewohner einer gemeinsamen Utopie und nicht einer gemeinsamen Geschichte«.[2] Wer sich nur genügend anstrengt, kann wirtschaftlichen Erfolg haben und vom Tellerwäscher zum Präsidenten aufsteigen. Anfang des 20. Jahrhunderts waren es zum Beispiel die jüdischen Einwanderer, die dieses Angebot des sozialen Aufstiegs besonders dankbar angenommen und in einem Assimilationsprozess – Stichwort ›melting pot‹ – zu Amerikanern und ›fellow citizens‹ geworden sind.

Dieser Erfolgstyp des Migranten, der heute von Donald Trump noch einmal idealtypisch verkörpert wird, zeigt aber auch, dass der ›amerikanische Traum‹ nicht unproblematisch ist: Er stärkt das Individuum, hängt Gruppen mit anderen kulturellen Traditionen ab und droht die Solidarität in der Gesellschaft zu untergraben. In seinem Buch *The Empathic Civilization* (2009) hat Jeremy Rifkin den Amerikanern deshalb dringend empfohlen, sich von dem radikal egoistischen Bild des einsamen Aufsteigers – »Modell Trump« – zu trennen und an die Stelle das Bild einer Gesellschaft zu setzen, die nicht nur auf Konkurrenz sondern auch auf Kooperation setzt, um das soziale Gewebe durch Solidarität und das verbindende Gefühl der Empathie zu stärken.

Während sich der ›amerikanische Traum‹ an Individuen richtet, gilt der ›europäische Traum‹ für Individuen wie für ganze Nationen. Denn die Europäer sind sowohl Bewohner einer gemeinsamen Utopie als auch einer gemeinsamen Geschichte. Beides ist hier untrennbar miteinander verbunden. Der ›europäische Traum‹, wie ich ihn verstehe, stützt sich auf vier Lehren aus der Geschichte, die in der EU nach 1945 und nach 1990 gelernt wurden. Es sind diese vier Lehren, die ich in das leere Zentrum des Europa-Symbols hineinschreiben möchte.

(1) Vom Krieg zum Frieden
Die erste Lehre ist, wie aus ehemaligen Todfeinden friedlich koexistierende und eng miteinander kooperierende Nachbarn werden können. Dieser Traum ist von ungebrochener Aktualität, denn während der letzten Jahrzehnte haben wir an vielen erschütternden Beispielen gesehen, wie schnell immer wieder das Umgekehrte passiert und aus friedlichen Nachbarn Todfeinde und Massenmörder werden.

(2) Vom Zwang zur Freiheit
Die zweite Lehre ist, wie aus Diktaturen Demokratien werden können. Tatsächlich hatte der Großteil der europäischen Staaten Erfahrung mit faschistischen oder kommunistischen Diktaturen gemacht, zum Teil auch mit beiden, wie die Geschichte Deutschlands zeigt. Individuelle Selbstbestimmung und Freiheit bilden den Kern von Demokratie und sind ein hohes Gut, das gerade auch den jungen Generationen nach 1945 und nach 1990 eine ganz neue Kultur der Freizügigkeit, der geistigen Bewegung und des transnationalen Austauschs aufgeschlossen hat.

Nach dem Ende des Kalten Krieges und der friedlichen Neuordnung Europas 1989 kamen zwei weitere Lehren aus der Geschichte hinzu:

(3) Eine neue Erinnerungskultur auf der Grundlage
historischer Wahrheit
Nach 1990 kam es zu einer Öffnung osteuropäischer Archive, mit der ein Aufschwung historischer Forschung über den Zweiten Weltkrieg und den Holocaust einherging. Auf dieser Basis breitete sich in Europa eine selbstkritische Erinnerungskultur aus, die viele nationale Mythen korrigierte. Frankreich und die DDR waren nicht mehr ausschließlich ›Widerstandskämpfer‹, Österreich oder Polen waren nicht mehr ausschließlich ›Opfernationen‹ und selbst die neutrale Schweiz war plötzlich mit neuen Erinnerungsorten wie den Banken oder der Grenze

konfrontiert. An die Stelle monologischer Geschichtsmythen traten im Zeichen einer selbstkritischen Erinnerungskultur inklusivere Geschichtserzählungen und dialogische Beziehungsgeschichten in wechselnden Täter- und Opfer-Konstellationen.

(4) Die Lehre eines moralischen Kompasses
Die Menschenrechte sind mehrfach in der Geschichte deklariert worden, doch blieben sie bis in die 1980er Jahre als eine politische Praxis weitgehend folgenlos. Das änderte sich mit neuen regierungsunabhängigen NGOs wie Human Rights Watch und Amnesty International, die in einer digital globalisierten Welt eine Beobachterrolle einnahmen und als neue moralische Instanz agierten. Im Zeichen der Menschenrechte traten Vertreter der Zivilgesellschaft als ein neuer Typ des politischen Akteurs auf die Bühne der Geschichte. Sie konnten an Bürgerrechtsbewegungen anknüpfen und klagten mit der Macht der Machtlosen Machtmissbrauch und Verbrechen des Unrechtsregimes an. Zu den ersten, die sich im Namen der Menschenrechte in der Geschichte politisch gegen den eigenen Staatsterror eingesetzt haben, gehörten die argentinischen Mütter und Großmütter, die während der Militärdiktatur ab 1977 ihre verschwundenen Kinder und Enkel einforderten und mit ihren friedlichen Demonstrationen in Buenos Aires auf der Plaza de Mayo das Unrechtsregime 1983 zu Fall brachten. Sie traten in der Öffentlichkeit als stumme Zeugen für die Verbrechen des Regimes auf und erreichten mit ihrem moralischen Appell die Weltöffentlichkeit. Im Zeichen der neuen europäischen Menschenrechtspolitik sind auch vergangene Traumata der europäischen Geschichte wie der Holocaust zum Gegenstand historischer Aufarbeitung und erinnernder Anerkennung geworden. Seit 2005 steht der Eintritt in die Holocaust-Erinnerungs-Gemeinschaft und ein Bekenntnis zu den Menschenrechten auf dem Beitritts-Formular in die EU.

2012, also sieben Jahre später, erhielt die EU den Friedensnobelpreis. In der Erklärung zur Verleihung hieß es: »Die EU erlebt derzeit ernste wirtschaftliche Schwierigkeiten und beachtliche soziale Unruhen. Das norwegische Nobelkomitee wünscht den Blick auf das zu lenken, was es als wichtigste Errungenschaft der EU sieht: den erfolgreichen Kampf für

Frieden und Versöhnung und für Demokratie sowie die Menschenrechte; die stabilisierende Rolle der EU bei der Verwandlung Europas von einem Kontinent der Kriege zu einem des Friedens.«[3] Die Verleihung des Preises bedeutete nicht nur Lob und Anerkennung für vergangene Leistungen, sondern vielmehr eine Mahnung, diese Leistungen und Errungenschaften als verpflichtende Werte festzuhalten, die das Leitbild der EU bestimmen und sie als Orientierung für die Zukunft einzusetzen.

Seither hat sich die Situation noch einmal erheblich verschärft. Zu den wirtschaftlichen und sozialen Unruhen sind politische Unruhen, Spaltungen und Austrittsbewegungen hinzugekommen. 2015 erreichte in Europa die Massenmigration aus aktuellen Kriegsgebieten und Terrorzonen ihren Höhepunkt. Unter diesen Bedingungen haben die vier historischen Lehren, die ich hier in Erinnerung gebracht habe, eine ganz neue Aktualität gewonnen. Der Zeitpunkt ist erreicht, wo die Staaten der EU diese Lehren beherzigen und sich an ihnen messen lassen müssen. Werden die Lehren in die Praxis umgesetzt oder erleben wir das Gegenteil? Lassen sich die Nationen von diesen Erfahrungen und Überzeugungen leiten oder nicht? Diese Lehren aus der Geschichte stehen nun auf dem Prüfstand und sind zur ultimativen Bewährungsprobe der EU geworden.

Um diese Lehren beherzigen zu können, muss man sie allerdings erst einmal kennen und anerkennen. Da fängt es bereits an: Europa muss seine Geschichte kennen, aus der es nach dem ›heißen‹ Weltkrieg und dem Kalten Krieg hervorgegangen ist. Das gemeinsame Wissen von der doppelten Gründung Europas nach 1945 und nach 1989. Es ist immer noch diese Geschichte und die Art und Weise, wie sich jeweils die nationale Erinnerung ihrer bemächtigt, von der abhängt, wie die Staaten der EU heute auf die Globalisierung und die Erfahrung der Migration reagieren. Lassen sie sich dabei durch nationale oder transnationale bzw. menschheitliche Prinzipien leiten? Ohne eine europäische Verständigung über diese Geschichte und ihre bis heute anhaltenden Folgen ist es unmöglich, einen gemeinsamen Richtungssinn – und nichts anderes heißt ja Orientierung – in der aktuellen Krise zu entwickeln und eine gemeinsame Zukunft zu imaginieren.

Europa gegen Europa am Beispiel des Gdańsk-Museums

In der Kommentierung des Nobelpreises an die EU ist nur von drei Lehren aus der Geschichte die Rede: dem Friedens- und Versöhnungsprojekt, dem Demokratieprojekt und den Menschenrechten. Wie wichtig aber auch gerade die dritte Lehre der historischen Wahrheit und mit ihr der Aufbau einer neuen selbstkritischen Erinnerungskultur ist, soll abschließend noch an einem Beispiel gezeigt werden. Europas Geschichte hat inzwischen ein neues Museum in Brüssel erhalten, auf das sich alle Mitgliedstaaten nach einer langen Diskussion einigen konnten. Es wurde im Mai 2017 eröffnet. Zwei Monate zuvor war ein anderes Europa-Museum eröffnet worden, das den Versuch einer europäischen Verständigung über die Geschichte des Zweiten Weltkriegs unternahm. Dieses Museum, das unter der Beratung hochkarätiger internationaler Historiker vorbereitet worden war, wurde im März 2017 in Danzig eröffnet und bereits nach zwei Wochen von der Regierung wieder geschlossen. Damit wurde das Museum zu einem hoch symbolischen Kampfplatz, auf dem man ›die geistige europäische Situation unserer Zeit‹ wie in einem aufgeschlagenen Buch lesen kann.

Initiiert wurde das Museum durch Donald Tusk, der den Plan des Historikers Paweł Machcewicz begeistert aufnahm und ihn als Gründungsdirektor einsetzte. Tusk sah in dem Museum eine Möglichkeit, die Geschichte des Zweiten Weltkriegs als eine europäische Beziehungsgeschichte zu erzählen. Es sollte

- transnationale Beziehungen darstellen,
- multiperspektivisch ausgerichtet sein,
- zivile Opfer des Krieges würdigen,
- pazifistische Werte vertreten und deshalb
- nicht eine ausschließlich heroisch-militärische Geschichte erzählen.

Kaum war das große Werk von neun Jahren internationaler Arbeit vollendet, ließ Jarosław Kaczyńskis Regierung das Museum schließen. Dass dieses Museum viele Episoden polnischen Patriotismus und polnischen Leidens zeigte, war ihm nicht genug. Er nahm Anstoß daran, dass es auch Szenen enthielt, in denen die Polen nicht als Helden, sondern als Täter auftraten. Es ging dabei vor allem um Jedwabne, den Ort eines Massakers der Polen an ihren jüdischen Nachbarn während des Zweiten Weltkrieges, und hier konkret um die Schlüssel der jüdischen Häuser, die in einer Vitrine ausgestellt waren. Der Hinweis auf diese historische Begebenheit wurde als eine Verunglimpfung der polnischen Nation verstanden und als unvereinbar mit dem kollektiven Selbstbild der Polen als einer Opfer- und Märtyrer-Nation. Deshalb war das Museum unerträglich und wurde umgehend mit einem neu geplanten Museum der benachbarten Westerplatte fusioniert, das zeigen soll, wie ein paar polnische Helden acht Tage lang gegen den deutschen Überfall tapfer Widerstand geleistet haben.[4] Die Logik eines solchen Museums ist eine ganz andere:

- es enthält nur eine Perspektive,
- es befestigt den Mythos der Nation,
- indem es sich ausschließlich auf Helden und Märtyrer konzentriert
- und einen heroischen Kult des Krieges feiert.

Noch gelten allerdings Gesetze der EU. »Paweł ist ein toter Mann« – mit dieser Formel hatten Polens Regierende gehofft, sich über dessen Person und Werk hinwegsetzen zu können. Ganz so einfach war das jedoch nicht, denn im Juli 2018 begann »in Danzig ein Prozess, in dem Machcewicz und seine Kollegen von der neuen Museumsführung und dem Kulturministerium alle Rücknahmen von Veränderungen fordern. Auch der Weg der europäischen Gerichte ist offen, denn das Copyright von Ausstellungsmachern wird auch durch eine EU-Direktive geschützt.«[5]

Dieses Beispiel ist ein Weckruf, denn es zeigt in grellem Licht das Schicksal von Kunst und Wissenschaft in einer illiberalen Demokratie. Museumsdirektoren, Historiker und Soziologen wie Barbara Engelking werden abgesetzt. Die historische Wahrheit steht in Polen nicht mehr auf der Agenda. Im Gegenteil ist Europa inzwischen in Polen, wie auch in Ungarn, zum Inbegriff dessen geworden, was abgelehnt wird und zu bekämpfen ist. Ex negativo kann man folgern: Eine freie Kunst, Kultur,

Bildung und Wissenschaft sind die wichtigsten Stützen einer kritischen Zivilgesellschaft. In Ungarn wie in Polen werden diese Pfeiler der Demokratie gerade abgesägt und durch eine Staatskunst ersetzt. Es ist wirklich paradox, dass es inzwischen Regierungen in den Mitgliedstaaten der EU gibt, die das Feindbild Europa auf ihre Fahnen schreiben und mit ihrem Hass auf Europa in ihren Ländern punkten und Wahlen gewinnen können. Vielleicht ist es aber auch nicht paradox, sondern nur der allmähliche Wandel von Demokratie A zu Demokratie B?

In einem Podiumsgespräch der *Welt* auf der Buchmesse 2012 über die Verleihung des Friedenspreises an die EU sagte Volker Gerhardt: »Man hört in den letzten Monaten den Rat, nicht länger ›normativ‹ über Europa zu reden. Da bin ich völlig anderer Ansicht: Wir haben noch gar nicht genug von den großen Ideen gesprochen, die in der zweieinhalbtausendjährigen Krisengeschichte Europas entstanden sind und die wir jetzt in einer bedrohlichen, aber mit Entschlossenheit leicht zu bewältigenden Finanzkrise nicht vergessen dürfen.«[6] Auch ich bin der Meinung, dass wir von den großen Ideen sprechen müssen, die in Europa und außerhalb Europas entstanden sind. Dafür brauchen wir uns jedoch nicht in die zweieinhalbtausendjährige Krisengeschichte Europas zu versenken, denn es genügt, sich auf die Lehren aus der Geschichte zu beziehen die in den letzten sieben bis acht Jahrzehnten gelernt wurden.[7]

Wir befinden uns im Jubiläumsjahr der EU, das im Januar 2018 begann und unter dem Motto *Shared heritage* steht. Mein Beitrag zu diesem gemeinsamen Erbe sind die vier Lektionen aus der Geschichte, die wohlgemerkt kein Narrativ bilden und schon gar keine Meistererzählung. Sie können aber vielleicht so etwas wie einen Wertekonsens definieren, der die Mitgliedstaaten mit ihren eigenen Geschichten verbindet, auf einen gemeinsamen Nenner verpflichtet, und es damit auch möglich macht, klare Abweichungen, Entfernungen und Brüche dieser Norm kenntlich zu machen und darauf zu reagieren.

1 Rede des Bundespräsidenten auf dem Politologenkongress in Frankfurt (Auszug). In: FAZ, 27.9.2018, Nr.225, S.4. **2** Fiedler, L.: Cross the Border, Close the Gap. In: Welsch, W. (Hg.): Wege aus der Moderne. Schlüsseltexte der Postmoderne-Diskussion, Weinheim 1988, S.57–74; hier S.73. **3** www.tagesschau.de/ausland/friedensnobelpreis-eu100.html (4.3.2013). **4** Machcewicz, P.: Der umkämpfte Krieg. Das Museum des Zweiten Weltkrieges in Danzig. Entstehung und Streit, Wiesbaden: Harrassowitz 2018. **5** Hassel, F.: Nacht im Museum. Wie in Polen das Gedenken instrumentalisiert wird. In: SZ Nr.202 vom 3.9.2018, S.13. **6** Die Welt vom 15.10.2012, http://www.welt.de/politik/deutschland/article109855791/ Wir-muessen-dumpfbackigen-Parolen-widerstehen.html; letzter Zugriff: 6.10.2018. **7** Wer die lange Version bevorzugt, dem ist das großartige Kollektivwerk zu empfehlen, das Ende 2017 auf Französisch erschienen ist und hoffentlich noch Übersetzungen vor sich hat: François, É. und Serrier, T. (Hg.): Europa – notre histoire. L'Héritage Européen depuis Homère, Arènes 2017.

ANSÄTZE IN DER POLITIK – STATEMENTS

Ingo Schulze

OHNE FRIEDEN IST ALLES NICHTS

Drei Punkte möchte ich im Zusammenhang mit der Frage nach einem neuen Gesellschaftsvertrag vorbringen. Der eine lässt sich in einem Zitat von Georg Christoph Lichtenberg zusammenfassen:»Der Amerikaner, der den Kolumbus zuerst entdeckte, machte eine böse Entdeckung.« Damit ist eigentlich schon ins Bild gesetzt, was ich sagen möchte: Ich wünschte, es gelänge uns, so wie Lichtenberg, die Perspektive zu wechseln, so dass auch wir ›Entdeckte‹ sein können. Ich glaube, ein großes und drängendes Problem unseres Alltags, unserer Gesellschaft und unseres Lebens besteht darin, dass es uns als Deutsche und Europäer so gut geht, weil es anderen so schlecht geht. Unser ›way of life‹ ist mitverantwortlich für die Situation in dieser Welt. Das kann man an vielen Dingen zeigen, angefangen von unseren Hemden, unseren Handys, unseren Computern und so weiter. Man muss nur schauen, woher die Flüchtlinge kommen. Das sind genau die Länder, in denen Kriege geführt werden, bei denen die westliche Beteiligung direkt oder indirekt nicht zu leugnen ist.

Diese weltweite Ungerechtigkeit hat ihr nationales Pendant in der Polarisierung unserer Gesellschaft im sozial-ökonomischen Bereich. In den 90er Jahren hat eine große Entpolitisierung stattgefunden, die bis heute wirkt. Die Haltung damals war: Jetzt hat sich das Politische erledigt, jetzt regelt sich alles über den Markt. Es ging um Effizienz, Profit,

Wachstum und Gewinne an der Börse, alles andere ist ausgedünnt und marginalisiert worden oder blieb für die Sonntagsreden reserviert. Was Westeuropa lange so attraktiv gemacht hat, ist in den 90er Jahren weggeschmolzen. In Deutschland hat man das insbesondere in solchen Regionen wie dem Erzgebirge oder Görlitz gemerkt. Auch im Westen gibt es viele Beispiele. Es besteht ein großes Gerechtigkeitsdefizit, bei dem sich natürlich immer die Frage stellt: Wie erkläre ich das? Die gängigen Erklärungen sind: oben – unten, rechts – links. Das ist natürlich erst mal eine Basis, auf der man eine gewisse Orientierung findet. In der Realität ist es allerdings immer eine Mischung. Ich denke, dass eine politische Debatte über diesen Nord-Süd-Konflikt, der ja schon 1980 von Willy Brandt ganz zentral angesprochen worden ist, noch aussteht. Dieses Gerechtigkeitsproblem – national, international – würde ich gerne in den Mittelpunkt stellen. Insofern ist ein starker Staat wichtig, da man ›den Markt‹ sich nicht selbst überlassen kann und darf.

Abschließend ein dritter Punkt: Ohne Frieden ist alles nichts. Erstes Ziel allen politischen Handelns muss eine wirkliche Friedenspolitik sein, die auf Abrüstung setzt, atomare Abrüstung, konventionelle Abrüstung. Frieden schließt man mit Feinden. Da ist in den letzten Jahren eine Gefahr herangewachsen, derer wir uns vielleicht noch gar nicht wirklich bewusst geworden sind. Die großen Rüstungskontrollverträge laufen aus. Wenn sie nicht erneuert werden, beginnt das Wettrüsten auf einem neuen Niveau. Eine zentrale Rolle in den Friedensbemühungen spielt dabei das Verhältnis zu Russland. Allein die europäischen Nato-Mitglieder haben einen drei- bis viermal so hohen Rüstungsetat wie Russland, zusammen mit den USA ist er vierzehn Mal größer. Das vielbeschworne, völlig abstrakte Zwei-Prozent-Ziel, das die Nato-Staaten ausgegeben haben, beraubt uns der Gelder, die für andere Aufgaben fehlen würden. Sicherheit ist nicht in erster Linie militärisch herzustellen. Die Schaffung oder das Erhalten des Friedens muss eine zentrale Kategorie politischer und gesellschaftlicher Bemühungen sein.

Katja Kipping

—— »ES SOLLTE ÜBERHAUPT KEIN ARMER UNTER EUCH SEIN« EIN NEUER GESELLSCHAFTSVERTRAG BRAUCHT SOZIALE GARANTIEN

Wenn wir über einen neuen Gesellschaftsvertrag sprechen, geht es mir zunächst darum, das, was bisher an zivilisatorischem Fortschritt erkämpft wurde, zu verteidigen. Dazu zähle ich die Grundrechte. Es wäre gut, wenn die Grundrechte in der Praxis wirklich umgesetzt werden und nicht nur auf dem Papier stehen. Besonders jetzt, da das Autoritäre hierzulande und weltweit im Aufwind ist, scheint mir dies notwendig.

Das fünfte Buch Mose beginnt mit dem Satz: »Es sollte überhaupt kein Armer unter euch sein.« Eine Gesellschaft frei von Armut, das klingt verdammt unbescheiden, das klingt unglaublich verwegen. Aber wenn man sich damit beschäftigt, was Armut und vor allen Dingen die Androhung von Armut, die Abstiegsängste, mit Menschen anrichten, so finde ich, wir können es uns nicht leisten, bescheiden zu sein. Man muss dafür streiten, dass Armut in die Geschichtsbücher verdammt wird, weil Armut nicht nur Menschen in die Isolation treibt, sondern weil es auch ein guter Nährboden für Menschenfeindlichkeit ist. Deswegen würde ich immer soziale Garantien in einen neuen Gesellschaftsvertrag einschreiben. Wenn man das ernst meint und der sozialen Spaltung entgegenwirken will, kommt man nicht daran vorbei, auch darüber zu reden, an welcher Stelle man Reichtum begrenzen muss. Kurzum: Wir werden bei diesem Gesellschaftsvertrag auch über ökonomische Fragen reden müssen.

Die Frage ist also nicht: Mehr Staat oder weniger Staat, sondern welche Bevölkerungsgruppen sollen entlastet werden und wo möchte man deutlich mehr besteuern? Die großen Konzerne wie Amazon, Google usw. können Steuertricks praktizieren, weil man es innerhalb von Europa nicht geschafft hat, sich darauf zu verpflichten, diejenigen, die wirklich große Gewinne machen, mehr zu besteuern. Dieses Geld fehlt uns. Wenn wir mehr Geld wollen, um alle von Armut zu befreien und um die Menschen, die ein mittleres Einkommen haben, deutlich zu entlasten, dann muss man den Mut haben, sich mit den großen Konzernen anzulegen und sie ordentlich zur Kasse zu bitten. Ich möchte es in folgendes Bild bringen: Wollen wir eine Gesellschaft, in der sich einige wenige privat einen richtig großen Swimmingpool leisten können oder wollen wir eine Gesellschaft, in der sich jede Familie immer den Besuch im Schwimmbad leisten kann? Ich stehe für eine Gesellschaft, in der der Besuch im Schwimmbad für jede Familie möglich ist.

Es gibt Konflikte in dieser Gesellschaft und die Frage ist, wie wir diese Konflikte beschreiben und an wen man den Unmut adressiert, den es berechtigterweise in dieser Gesellschaft gibt. Die Rechten sagen, die Grundkonfliktlinie verläuft zwischen Deutschen und Nichtdeutschen. Aber angenommen, wir schieben alle Geflüchteten und alle mit Migrationshintergrund ab: Woher nehmen wir die Sicherheit, dass sich irgendetwas für jene Menschen verbessert, die schon unter niedrigen Renten und niedrigen Löhnen gelitten haben, bevor die vielen Geflüchteten kamen? Woher nehmen wir die Sicherheit, dass die Mehrheit im Bundestag dann die gesetzliche Rentenversicherung steigert? Ich bin seit einer Weile im Bundestag und habe erlebt, dass die gesetzliche Rentenversicherung immer wieder gekürzt wurde, aber nicht wegen den Geflüchteten, sondern weil es private Rentenfonds gibt, die damit Geld verdienen wollen. Aus diesem Grund beschreibe ich die Konflikte, die es gibt, als Konflikte zwischen Oben auf der einen Seite und Mitte-Unten auf der anderen Seite. Um es konkret zu machen: Es besteht ein Konflikt zwischen Mieterinnen und Mietern, die auf bezahlbaren Wohnraum angewiesen sind, und großen Hedgefonds, die massenweise Wohnungen aufkaufen und die Preise in die Höhe treiben. Wer uns einreden will: Man muss nur alle Ausländer abschieben und dann sind die Probleme weg, der redet an den Ursachen der Probleme vorbei, denn zu niedrige Renten und zu niedrige Löhne gab es schon lange bevor die Geflüchteten kamen.

Ein zweiter wichtiger Punkt: Wir müssen über die Verteilung der Tätigkeiten und über die Verteilung von Zeit reden. Zeit ist eine der kostbarsten Ressourcen, weil sie für uns alle endlich ist. Leider sind die Tätigkeiten ungerecht verteilt. Die einen sind permanent gestresst, weil sie zu viel arbeiten, die anderen leiden unter Existenznot, weil sie nicht genügend Erwerbsarbeit bekommen. Außerdem haben wir die Tätigkeiten zwischen Männern und Frauen ungerecht verteilt. Frauen tragen immer noch einen Großteil der unbezahlten Familienarbeit. Das muss umverteilt werden. Im Gegenzug würden wir Frauen dann den Männern in den Führungsjobs ein bisschen Arbeit abnehmen wollen.

Ein weiterer Punkt: In einer Zeit, in der in den USA jemand wie Donald Trump an der Macht ist und in der die Wirtschaft transnational agiert, braucht es innerhalb der EU eine vertiefte Kooperation. Ich kritisiere die EU, so wie sie jetzt vertraglich aufgebaut ist, weil sie im Sinne einer ganz speziellen ökonomischen Schule auf Austerität setzt und in sich nicht demokratisch organisiert ist. Ein wirklich demokratisch organisiertes Europa wäre ein gutes Gegengewicht zu den USA, aber auch zu den Unternehmen, mit dem man stärker auftreten und andere Steuerstandards durchsetzen kann. Insofern geht es bei einem Gesellschaftsvertrag weniger um die vertragliche Ebene zwischen einzelnen Bürgern, sondern um die Frage, ob es den politischen Willen gibt, sich zusammenzuschließen, um als Politik selbstbewusst gegenüber der Wirtschaft aufzutreten oder nicht. In diesem Zusammenhang braucht Europa Entspannungspolitik und die beginnt immer mit Abrüsten. Wir sind die einzige politische Partei, die verlässlich »Nein zu Krieg« sagt und die weiß, dass es Frieden nicht gegen, sondern nur mit Russland geben kann.

Den vierten Punkt reiße ich jetzt nur an. Wir begehen in diesem Jahr den 200. Geburtstag von Karl Marx. Das war für mich ein Anlass nachzulesen und folgendes Zitat finde ich sehr passend: »Wir sind nicht Eigentümer, nur Nutznießer der Erde, und haben sie nachfolgenden Generationen verbessert zu hinterlassen.« Was für ein schönes Plädoyer für Klimagerechtigkeit.

Daniela Kolbe

—— WIR STREITEN ZU WENIG

»Brauchen wir einen neuen Gesellschaftsvertrag?« Das ist eine span-
nende Frage, weil sie zum Nachdenken darüber anregt, wo unsere
Gesellschaft steht und wo wir sie hinentwickeln wollen. Wir brauchen
einen neuen Gesellschaftsvertrag. Dazu gehört für mich, dass wir wieder mehr Diskurs in unsere Gesellschaft bringen. Ich habe den Eindruck, dass unglaublich viele Ansätze auf dem Markt sind, allein zum
Stichwort Europa. Die einen sagen ›Raus aus dem Euro‹, die anderen
›Vereinigte Staaten von Europa‹. Allerdings wird nicht um diese Fragen
gerungen, es wird nicht darüber diskutiert, es wird sich nicht ausge-
tauscht. Das ist aber die Grundvoraussetzung, um unsere Gesellschaft
wirklich zu befrieden. Darüber hinaus gibt es Themen, auf die noch
keiner eine Antwort hat. Wie gehen wir mit der Digitalisierung, mit der
Veränderung in der Arbeitswelt um? Was machen die globalen Veränderungen mit uns hier vor Ort? Persönlich würde ich mir wünschen,
dass es auch wieder stärker ausgetragene Links-Rechts-Konflikte gäbe.
Ich habe den Eindruck, dass nicht allen klar ist, wo dieses links und
rechts verläuft, auch weil wir bestimmte Debatten nicht mehr führen.
Wenn das transparenter wäre, würden wahrscheinlich viele erschre-
cken, wem sie sich zugehörig erklärt haben oder wem gegenüber sie
Sympathien fühlen. Wir reden zu wenig, wir streiten zu wenig, wir
haben das verlernt. Vielleicht haben wir als Ostdeutsche es auch nie
richtig gelernt, wertschätzend zu streiten und Spaß daran zu haben.
Wir sollten uns die Frage stellen, wie eine Gesellschaft aufgebaut sein
müsste, damit man sagt: Ja, da bin ich Vertragspartner, da bin ich gern

bereit, Steuern zu bezahlen, da bin ich bereit, mich einzubringen. Was für eine Gesellschaft ist tragfähig heute und in Zukunft? Es geht um die Frage, wie Generationen und wie Bevölkerungsgruppen miteinander umgehen. Wir müssen miteinander diskutieren, sonst leben wir nebeneinander her und glauben alle, dass wir die allein seligmachende Idee hätten. Dann gehen Leute auf die Straße und brüllen »Wir sind das Volk!« und nehmen nicht zur Kenntnis, dass es andere Menschen gibt, die eine andere Haltung haben und auch zum Volk dazugehören.

Mein zweiter Punkt: Zu einem Gesellschaftsvertrag gehört, dass wir wieder über Leistungsgerechtigkeit diskutieren. Das scheint mir der Kern des Zorns vieler, gerade hier in meinem Heimatland Sachsen, zu sein. Viele haben den Eindruck: Ich mühe mich, ich halte mich an die Regeln, ich arbeite tagein tagaus, aber am Schluss bin ich der oder die Dumme. Ich halte das für gefährlichen Sprengstoff. Wir müssen einen Gesellschaftsvertrag neu schließen und uns Verteilungsfragen in diesem Land genau anschauen im Hinblick darauf, dass wer sich müht, wer arbeitet, wer sich an die Regeln hält, ein vernünftiges Auskommen hat. Ich glaube, das würde viel Befriedung in dieses Land bringen.

In meiner Bürgersprechstunde fällt bei jedem Gespräch irgendwann der Satz: Aber für die Flüchtlinge war Geld da. Quer durch die Gesellschaft, durch ganz unterschiedliche Gruppen und auch unterschiedliche politische Haltungen, kommt dieses Gefühl zum Ausdruck. Ich bin der Meinung, dass da auch etwas Wahres dran ist. Der Kernpunkt ist das berechtigte Gefühl, dass Verteilungsspielraum da ist, aber das Geld für alles Mögliche genutzt wird, nur nicht für mich oder für Menschen, die mir nah sind. Wir müssen darauf achten, dass wer sich anstrengt, auch etwas davon hat und im Alter vernünftig leben kann. Das ist die Bringschuld der Politik. Ich würde mir aber auch wünschen, dass die Menschen stärker für ihre eigenen Rechte einstehen. Wir leben in einer Demokratie, das ist auch ein Verteilungskampf. Es ist leider so, dass bestimmte Bevölkerungsgruppen, auch gerade Ostdeutsche, die nach der Wiedervereinigung Brüche in ihren Biographien erfahren haben, beim Einfordern ihrer Rechte noch immer sehr leise sind. Das hat nichts mit den Geflüchteten zu tun. Es geht darum, dass wir über die Verteilung innerhalb dieses Landes reden und da sind wir tatsächlich bei einem Oben-Unten-Konflikt.

Dritter Punkt: Das Verhältnis der Bürger zum Staat muss neu auf den Prüfstand. Ich habe den Eindruck, dass auch hier kaum Dialog und großes Misstrauen ist. Wir haben einen leistungsfähigen Sozialstaat, der aber an verschiedenen Stellen Ecken und Kanten hat, die es dem Bürger fast unmöglich machen, seine Rechte einzuklagen. Wer versucht, einen Antrag auf Arbeitslosengeld zu stellen, wird mit einem Schreiben konfrontiert, das man erstens nicht versteht und das zweitens immer implizite Drohungen enthält. Das ist kein gutes Verhältnis zwischen Staat und Bürgern. Wir müssen darüber sprechen, wie wir dieses Verhältnis wieder ins Lot bekommen, so dass ein Sozialstaat ein Staat ist, der unterstützt und der nicht gängelt.

Maximilian Krah

____ GESELLSCHAFTSVERTRÄGE ALS ILLUSION?

»Brauchen wir einen neuen Gesellschaftsvertrag?« Zunächst habe ich
mich über die Fragestellung gewundert, denn aus meinem Studium
weiß ich noch, dass die Vertragstheorien zur Begründung des Staates
sehr weit zurückliegen. Im Regelfall war ihre Hochphase in der Aufklärung. Es gibt noch einmal einen Versuch von John Rawls 1971, aber in
Deutschland hat diese Theorie nie Fuß gefasst und in einer Kirche erst
recht nicht, denn das christliche Staatsverständnis war nie vertraglich
geregelt. Die Vertragstheorie, der soziale Kontrakt, ist immer nur eine
Hypothese. Es hat nie den Naturzustand gegeben und die gesamte
Vertragstheorie, ob Sie nun Hobbes, Locke oder Rousseau nehmen, ist
ein hypothetischer Ansatz, mit dem man versucht, Herrschaft neu zu
begründen und weiterzuentwickeln.

In juristischer Hinsicht fallen mir zwei Dinge bei Verträgen auf. Zum
einen ist die Zustimmung zu einem Vertrag eine freiwillige Entschei-
dung informierter Bürger. Der Vertrag bindet die Personen, die den
Vertrag schließen. Im Regelfall schließe ich den Vertrag mit einer Person, ich kann weitere Personen hinzunehmen, aber ein Vertrag ist
immer etwas Exklusives. Ich habe nie einen Vertrag mit allen Menschen, ich habe einen Vertrag mit den Vertragsschließenden und wenn
weitere Menschen hinzukommen, dann müssen alle Vertragsschließenden zustimmen. Das zweite, was uns ein Vertrag sagt, ist: Meinem
Vertragspartner gegenüber habe ich sehr viel mehr Verpflichtungen,
als jemandem, mit dem ich keinen Vertrag geschlossen habe. Im Bür-

gerlichen Gesetzbuch sind die Rechte und Pflichten der Vertragsschließenden von Paragraph 240 bis weit in die 600er Paragraphen hinein
geregelt. Ihre Verpflichtungen gegenüber den Nicht-Vertragsschließen-
den hingegen nur von Paragraph 823 bis 840. Auch für Rousseau, nachzulesen gleich im ersten Buch, sind die Vertragspartner die Bürger, die
Gemeinschaft der Vertragspartner das Volk. Dann gibt es ein Gemeinwohl dieser Bürger, dieses Volkes, das ist der »volonté générale«. In
Dresden wird – auch wenn das sicher problematisch ist – durch den Ruf
»Wir sind das Volk« an diesen »volonté générale« appelliert.

Wenn wir diese beiden Erkenntnisse auf die heutige Zeit anwenden,
erscheinen mir zwei Punkte diskutierenswert. Der erste Punkt ist die
Zuwanderungsfrage. Wenn wir eine Gesellschaftstheorie auf einem
Vertrag begründen, müssen wir akzeptieren, dass es eine Unterschei-
dung zwischen den Vertragspartnern – den Bürgern – und den Nicht-
Vertragspartnern – den Fremden – gibt. Wir müssen klarmachen, dass
die Verpflichtungen gegenüber den Bürgern sehr viel intensiver sind,
als die Verpflichtungen gegenüber den Fremden. Wir haben aktuell die
Situation, dass unterschieden wird zwischen denen, die noch nicht so
lange hier leben, und denen, die länger hier leben. Das ist auf der Basis
einer Vertragstheorie nicht möglich, denn auf der Basis der Vertragstheorie gibt es nur Vertragspartner und Nicht-Vertragspartner, Bürger
und Fremde. Wir haben in diesem Jahr Ausgaben von Bund, Ländern
und Gemeinden für die seit 2015 Eingewanderten von 50 Milliarden
Euro. Diese 50 Milliarden Euro fehlen an anderer Stelle.

Das zweite ist, dass es eine besondere Verpflichtung der Vertragspartner untereinander zu besonderer Solidarität, Rücksichtnahme auf
wechselseitige Interessen und Leistungserfüllung gibt. Mein Eindruck
ist, dass die Eliten politisch, ökonomisch, medial und kirchlich diese
Solidarität aufgekündigt haben gegenüber den vergessenen Menschen
in unserem Land. Das Erzgebirge ist beispielsweise eine Gegend, die
in den letzten zwanzig Jahren einen Bevölkerungsrückgang erlebt hat,
wie seit dem Dreißigjährigen Krieg nicht mehr und sie ist weitgehend
deindustrialisiert. Solange Bombardier überlegt, das Görlitzer Dop-
pelstockwagen-Werk zu verkaufen, aber die Patente – mit Know-how,

das in der DDR von den Görlitzer Waggonbauern entwickelt wurde – mitzunehmen und in Zukunft die Doppelstockwagen in Breslau zu produzieren, mit einem Werk, das mit EU-Subventionen gefördert wird, sage ich, dass ökonomische Eliten die Solidarität mit den Vertragspartnern des deutschen Gesellschaftsvertrages brechen. Dadurch verlieren wir ganze Regionen. Wir verlieren die Lausitz, wir verlieren das Erzgebirge, wir verlieren auch das Ruhrgebiet. Wenn wir eine Gesellschaft auf der Basis einer Vertragstheorie begründen, ist dort die Verpflichtung und nirgendwo anders.

Vergleichen wir diese Verpflichtung mit dem Koalitionsvertrag, Kapitel 1: Mehr Geld für die Europäische Union. Das sind keine Vertragspartner. Die Europäische Union ist kein einheitlicher Staat und ich will kurz erläutern, warum ich das auch nicht für wünschenswert halte. Wenn wir sagen, wir haben einen Gesellschaftsvertrag mit den Polen, Rumänen, Kroaten oder Portugiesen, würde das reziprok voraussetzen, dass auch die anderen sagen: Wir haben denselben Gesellschaftsvertrag mit jedem einzelnen Deutschen. Das halte ich für einen frommen Wunsch. Das zweite Argument ist ein ökonomisches. Bereits jetzt besteht das halbe deutsche Auslandsvermögen in Forderungen gegen das Euro-System und gegen die Europäische Union. Die Target2-Forderungen der Deutschen Bundesbank liegen bei einer Billion Euro. Man muss sich entscheiden: Will man einen Zuschuss zur Rentenkasse, das bedingungslose Grundeinkommen und anderes, oder einen europäischen Superstaat mit einer Einstandspflicht auch finanzieller Art für alle anderen Haushalte?

Aus meiner Sicht läuft derzeit etwas schief und ich kann die aktuelle Politik nicht auf der Basis einer Vertragstheorie erklären. Deshalb meine Antwort auf die Frage, ob wir einen neuen Gesellschaftsvertrag brauchen: Wir brauchen zunächst die Bereitschaft, überhaupt einen Vertrag zu erfüllen. Ich brauche keinen neuen Gesellschaftsvertrag, aber ich brauche Eliten, die bereit sind zu akzeptieren, dass unsere Gesellschaft ein Vertrag ist. Wir brauchen Eliten, die bereit sind, ihre Kraft den Bürgern zu widmen und anzuerkennen, dass sie den Bürgern, als ihren Vertragspartnern, mehr schulden als den Nicht-Vertragspartnern.

Peter Geist

___ EINE ANDERE WELT IST NÖTIG

Hätte man den Zusammenbruch des Ostens seit Mitte der 80er Jahre als Menetekel begreifen können, als Menetekel für die drohenden Katastrophen in den Industriegesellschaften, hätte das ganz gewiss mehr Nachdenklichkeit produziert. So aber ist ein siegestrunkener Kapitalismus in den 90er Jahren – schon vorbereitet durch Thatcher, Reagan und Pinochet – in eine Phase der Zerstörung von Gesellschaften, der Zerstörung des Menschen, der Zerstörung der Natur getreten, die in der Geschichte der Menschheit bisher beispiellos ist. Der Verstoß dieser neoliberalen Ideologie und deren Umsetzung gegen die anthropologisch begründbaren Bedürfnisse des Menschen, die Ignorierung der gesellschaftlichen Natur des Menschen und das Herausstellen des Menschen als Selbstverwertungsmonade im Kampf aller gegen alle, ist eklatant. Durch die neoliberalen Zerstörungsorgien, gerade auch in den ostdeutschen Landschaften, sind die klassischen Milieus und Schichten wild durcheinandergewirbelt und in immer kleinere Mikrohabitate verwandelt worden. Die organischen Klientel der großen Parteien gibt es nicht mehr, weshalb auch ihr Anhang kleiner wird und insgesamt die Wahlbeteiligung sinkt. Sachsen ist in dieser Hinsicht ein Sonderfall, da das Land Bayern hier nach der sogenannten Wende den kompletten Staatsapparat übernommen hat. Sie haben diesen Staat als Beute genommen und es wurde eine Art Ersatzkönig implementiert. Umgekehrt heißt das aber auch, dass der Monarch das große Sagen hat und der Einzelne gar nicht so gefragt ist. Das bekannte Wort vom Sachsensumpf beschreibt eine Staatsbürokratie, die weit rechts außen steht, von der Justiz bis zur Polizei, und die auch sehr rigide Männerfreundschaften pflegt. Es kommt hinzu, dass 95 Prozent der Immobilien, der Werke und der Produktionsmittel – nicht nur in Sachsen, sondern in ganz Ostdeutschland – nicht Ostdeutschen gehören. Die Treuhand hat strikt darauf geachtet, dass Ostdeutsche nicht ihre eigenen Betriebe kaufen. Das Ergebnis ist ein zunehmendes Desinteresse, eine Mentalität, die sagt: Wir hier unten – die da oben. Das geht durch alle Parteien, auch auf der eher linken Seite des Spektrums.

Seit dem neoliberalen Schub in den 90er Jahren haben Lobbygruppen immer größeren Einfluss auf die Gesetzgebung und auf die praktische Politik gewonnen. Wann hört die CDU auf, so bedingungslos und nibelungentreu die Autolobby zu hofieren? Das ist skandalös. Dass zum Beispiel Lobbyisten Gesetzestexte schreiben, ist Usus geworden. Wo sind wir denn da in der Frage der Gewaltenteilung? Das ist einer der Gründe, warum viele das Vertrauen in Politik verloren haben. Nun fruchten moralische Appelle in dieser Hinsicht nicht. Genauso sinnlos sind Selbstverpflichtungen der Industrie, das hat nie funktioniert. Nein, hier muss Druck gemacht werden auch von Bürgerinitiativen, so dass das immer weniger geduldet wird.

Diese Zustände müssen dringend überwunden werden und dafür brauchen wir einen neuen Gesellschaftsvertrag. Um mit Marx zu sprechen, wie er in seiner *Einleitung zur Hegelschen Rechtsphilosophie* 1844 formuliert: Es sind »alle Verhältnisse umzuwerfen, in denen der Mensch ein erniedrigtes, ein geknechtetes, ein verlassenes, ein verächtliches Wesen ist«.

Hiervon ausgehend komme ich zu drei Punkten, die man nicht in kurzfristige, mittelfristige oder langfristige Ziele gruppieren kann, weil eigentlich alles zugleich gemacht werden muss. Was den Gesellschaftsvertrag anbetrifft, wäre die Wiederherstellung des Artikel 1 – »Die Würde des Menschen ist unantastbar« – von großer Wichtigkeit. Sie ist längst antastbar geworden für immer mehr Menschen, vom Hartz-IV-Empfänger bis zum Wohnungssuchenden. Dabei ist ein Grundeinkommen längst möglich, alles andere sind Lügen des Kapitals. Fast alle Experimente mit dem bedingungslosen Grundeinkommen haben sehr gut funktioniert. Die Leute sind nicht faul, sondern kreativ geworden. Man kann auch sofort in der Wohnungspolitik umsteuern und Eigentum anders verpflichten. Das sind noch die relativ einfachen Dinge, nur müsste Politik dann endlich aufhören, nur in Wahlperioden zu denken, sie müsste Verantwortung übernehmen für die nächsten Generationen.

Den zweiten Punkt würde ich ganz grob als keynesianische Rekultivierung bezeichnen. Es geht um die Wiedereinführung sozialer Elemente, aber auch keynesianischer, alles noch innerhalb der Systemgrenze des Kapitalismus. Damit meine ich die Rückvergesellschaftung der großen Bedürfnisindustrien des Menschen, wie Mobilität und Reisen, Gesundheit und Energie zum Beispiel, die alle unter Rot-Grün privatisiert wurden. Wir sehen, welches Desaster das gebracht hat. Stattdessen hätte der Staat auch ganz anders Politik gestalten können, zum Beispiel in der Wohnungspolitik. Keynesianische Rekultivierung greift aber über Deutschland hinaus. Das heißt, es muss ein Marshallplan für Afrika aufgelegt werden, was eine gigantische Anstrengung bedeutet. Oder eine Verpflichtung der Fischereiflotten in Europa, große Mülllandschaften im Pazifik aufzuräumen. Langfristig muss auch der Kapitalismus irgendwie überwunden werden, denn ihm inhärent ist betriebswirtschaftliches Denken, was bedeutet, dass er weder für die Gesellschaft denken, noch sich beschränken kann. Lehren ziehend aus dem gescheiterten Kommunismusexperiment, plädiere ich für einen freiheitlichen Sozialismus mit unterschiedlichen Eigentumstypen. Allerdings mit einer strikten Vergesellschaftung der Großindustrien, insbesondere der Energiewirtschaft, die für das Leben der ganzen Bevölkerung verantwortlich ist. Die künstliche Intelligenz – die im Übrigen in den nächsten zwanzig Jahren sehr viele Arbeitsplätze wegfallen lässt – bietet eine Riesenchance, dass wir uns endlich mit den menschlichen Dingen beschäftigen können. Aber dafür muss die Arbeitszeit und die Arbeit anders verteilt werden. Das ist unter den kapitalistischen Bedingungen nicht möglich. Deswegen muss Druck gemacht werden. Wir stehen vor der Herausforderung, dass neue Gesellschaftsformen entstehen, die dann auch einen anderen Gesellschaftsvertrag erfordern. Deshalb bin ich auch unbedingt dafür, dass Volksentscheide auf Bundesebene eingeführt werden.

Der dritte und abschließende Punkt ist am schwierigsten zu lösen und gleichzeitig am dringendsten: Umweltbedrohung und Klimawandel. Neueste Berechnungen zeigen, dass die Pole noch schneller abschmelzen, als erwartet. Es drohen Dystopien, Katastrophen. In der Poesie haben wir seit den frühen 80er Jahren eine ökologische Lyrik, die in schwärzesten Bildern die Zukunft des Menschen ausmalt, wenn wir so weitermachen. Erst jetzt erkennen wir: Die Erde und ihre Ressourcen sind endlich. Wir haben jetzt schon die doppelte Erde besetzt, werden aber in den nächsten zwanzig Jahren nicht zum Mars auswandern können. Also müssen wir etwas verändern und nicht irgendwann, sondern jetzt. Das verlangt von uns mehr Bescheidenheit und danach zu fragen, was der Mensch braucht. Er braucht Liebe, Kunst, Sport und Mitmenschlichkeit. Er braucht nicht drei Autos und fünf Swimmingpools. Hier muss eine neue Verantwortungsethik entwickelt werden, ähnlich wie im Bereich der künstlichen Intelligenz oder der Genforschung.

Wolfram Günther

⎯ MEHR DEMOKRATEN FÜR UNSERE DEMOKRATIE

Der Gesellschaftsvertrag, damit kann etwas Metaphorisches gemeint sein oder aber das Grundgesetz. Das Grundgesetz ist etwas, was ich tagtäglich in meiner Arbeit als Jurist, als Abgeordneter verteidige und mit Leben füllen will. Eine meiner Erkenntnisse ist, dass diese Demokratie kein fest gefügter Zustand ist, sondern dass man sie tagtäglich leben und einfordern muss. Da wünsche ich mir mehr Demokraten für unsere Demokratie. Bei der Beteiligung haben wir nämlich hier in Sachsen ein Problem. Wir kommen aus Jahrzehnten eines Obrigkeitsstaates, der es den Bürgern nicht erlaubt hat, sich wirklich einzubringen. Dann gab es die friedliche Revolution, danach das Grundgesetz. Wir sind meilenweit entfernt von den Verhältnissen davor, aber was Bürgerbeteiligung anbelangt, gibt es immer noch Defizite. Das hängt auch mit dem Selbstverständnis der regierenden CDU zusammen, das sich in einem patriarchalischen ›Wir regeln das‹ ausdrückt. Was viel zu gering ausgebildet ist, ist das Grundverständnis, dass die Bürger selber wissen, was sie machen sollen oder wollen und die Politik dann Wege findet, dies zu unterstützen. Ich habe über die Jahre verschiedenste Bürgerinitiativen angeschoben und Menschen erlebt, die Dinge umsetzen und sich einbringen wollen, aber immer wieder an die Grenzen kommen, weil das nicht erwartet wird oder nicht willkommen ist. Ein Beispiel: Strukturwandel in der Lausitz nach der Kohle. Da gibt es eine Vielzahl von Initiativen und Menschen vor Ort, die sich engagieren und Ideen haben, wie es weitergehen kann. Da muss man nicht bei

Null anfangen. Aber was macht unser Ministerpräsident? Er bezieht die Bürger nicht mit ein. Daraus resultieren viele Probleme, die wir in diesem Land haben.

Wir unterstützen deshalb auch die Einführung plebiszitärer Elemente auf Bundesebene. Auf Landesebene arbeiten wir gerade an drei einzelnen Gesetzen, um diese Bürgermitwirkung verbessern zu können. Auch vor dem Hintergrund von Pegida ist unsere Antwort: Selbst wenn Demokratie in Gefahr ist, weil Leute nicht mitspielen wollen, müssen wir sie verteidigen und mehr Demokratie einführen. Ich glaube, je mehr Verantwortung man den Menschen gibt, desto besser werden sie ihr gerecht. Bei einem Plebiszit kann man auch mal mit einer Fehlentscheidung leben, aber langfristig kommen wir zu besseren Entscheidungen.

Aus meiner Sicht geht es darum, die Demokratie mit Leben zu füllen. Dafür müssen wir nicht das Grundgesetz ändern, sondern das Grundgesetz muss in den Köpfen der Handelnden, in Politik und Verwaltung, Leben bekommen. Ich habe mittlerweile den Eindruck, dass ich als Grüner diesen Staat verteidigen muss, auch gegen diese angeblich staatstragende Union. Während ich vorne etwas erkämpfe, merke ich, wie hinten das Fundament wegbröselt. Da macht die Union fleißig mit, weil man denkt, dass man die Leute wieder einfangen kann, wenn man dasselbe erzählt wie AfD und Co., anstatt den Leuten zu erklären, wie repräsentative Demokratie funktioniert und welche Möglichkeiten man hat, mitzumachen und welche Verantwortung mit dem Gang in die Wahlkabine verbunden ist. Es geht darum, dass Menschen mehrere Jahre mit einem Mandat in meinem Auftrag regieren und nicht darum, jemandem einen Denkzettel zu geben. Bei den Denkzetteln sehe ich das Zerstörerische. Wenn die letzte verbliebene Volkspartei sich AfD und Co. anschließt, ist das eine gefährliche Entwicklung. Da müssen wir als Grüne deutlich gegenhalten.

Was den Gesellschaftsvertrag anbelangt, gibt es diesen schönen Begriff der Nachhaltigkeit. Da geht es um ökonomische, soziale und ökologische Fragen. Die Ökologie, die Welt, kommt ganz gut ohne uns Menschen aus, aber Soziologie und Ökonomie funktionieren nur, wenn die natürlichen Lebensgrundlagen erhalten bleiben. Deshalb muss man gesellschaftlichen Frieden einfordern. Das ist ein fortlaufender Prozess, denn Konflikte gibt es immer. Ökologische Fragen, wie zum Beispiel Insektensterben und Klimawandel, sollten uns dennoch ebenso zu denken geben. Wenn ich immer nur über materiellen Wohlstand spreche, werde ich irgendwo an meine Grenzen kommen. Ein ausreichendes materielles Fundament ist nicht bei allen Menschen in diesem Land gegeben und daran müssen wir arbeiten. Aber das ist nur ein Teil unserer Aufgabe. Wir leben auf einer Erde mit endlichen Ressourcen und das betrifft die gesamte Gesellschaft. An der rechtlichen Grundlage für den Erhalt der natürlichen Lebensgrundlagen mangelt es nicht. Die Frage ist, wie das mit Leben gefüllt wird. Die zweite Frage ist: Was nützt uns eine nationale Regelung oder eine Regelung auf EU-Ebene, wenn die größten Herausforderungen global sind? Darüber sollten wir sprechen, wenn wir über den Gesellschaftsvertrag nachdenken. Sollte er sich nur auf unseren Geltungsbereich des Grundgesetzes erstrecken oder verstehen wir uns tatsächlich als Teil einer globalen Menschheit?

Wir sind eine Welt, die Natur macht an keiner Grenze halt. Diese Herausforderung hat auch etwas mit grundsätzlich anderem Konsum- und Lebensverhalten zu tun. Vieles von unserem heutigen Wohlstand haben wir nur, weil in den Preisen unserer Produkte keine Kostenwahrheit steckt. Durch die globale Produktion leiden anderswo auf der Welt Menschen und die Natur wird ausgebeutet. All das, was wir in der Industrialisierungsphase hier vor Ort gemacht haben, passiert jetzt anderswo. Man kann eine Rechnung eine Weile aufschieben, aber die Rechnung kommt irgendwann. Ob es um katastrophale Hochwasser oder um Flüchtlinge geht: Die Rechnung werden wir immer zahlen müssen. Es geht darum, die Aufgaben unserer Zeit zu erkennen und nach Lösungen zu suchen. Das funktioniert nicht von heute auf morgen, sondern erfordert eine langfristige Entwicklung. Wir müssen die Weichen in die richtige Richtung stellen und einem global entfesselten Kapitalismus wirksam Ketten anlegen.

Octavian Ursu

—— FÜR EINEN GESELLSCHAFTS- VERTRAG BRAUCHT ES ALLE SCHICHTEN

Was ist ein Gesellschaftsvertrag? Unser Grundgesetz ist ein Gesellschafts-vertrag. Wir schließen in unserer Gesellschaft ständig Verträge ab, auch die Wahlen sind ein Gesellschaftsvertrag. Jedes fünfte Jahr schließen diejenigen, die zur Wahl gehen, einen Vertrag ab, einen Vertrag auf Zeit.

Als Pragmatiker überlege ich, was ich mir im Moment wünsche und was sich die meisten Bürger wünschen. Sie wünschen sich einen selbst-bewussten Staat, der einerseits für Ordnung und Sicherheit sorgt, aber andererseits auch eine starke Rolle im sozialen Bereich spielt. Als Poli-tiker ist es unsere Aufgabe, zu versuchen, diese Wünsche soweit wie möglich in die Tat umzusetzen.

Ich möchte noch einen Aspekt in die Diskussion einbringen: die Selbst-verantwortung jedes einzelnen Bürgers. Ein Vertrag ist ein Vertrag zwischen zwei Seiten und der Staat beziehungsweise die Politik muss liefern. Andererseits müssen wir auch überlegen, welche Selbstverant-wortung jeder von uns trägt und was wir für diese Gesellschaft tun müssen. Das ist ein Aspekt, der mir zu kurz kommt in den Diskussionen der letzten Jahre. Ich finde nicht, dass die Politik dafür verantwortlich ist, dass die Bürger inaktiv geworden sind. Ich bin auch nicht der Mei-nung, dass die Ostdeutschen lernen müssen zu streiten. Die Ostdeut-schen können wunderbar streiten, wie man in Dresden durch Pegida gesehen hat. Das hat uns vielleicht nicht allen gefallen, aber gezeigt, dass die Bürger streiten können. Das sieht man auch an der Wahlbeteiligung, die wieder gestiegen ist, allerdings in eine Richtung, die vielen von uns nicht passt. Ich hätte mir auch gewünscht, dass sie in eine andere Richtung steigt. Die Frage ist, wie nehmen wir die Menschen dann mit, die – unserer Meinung nach – nicht das Richtige gewählt haben? Kollegen von mir habe ich nach der Bundestagswahl gesagt: »Warum regt ihr euch darüber auf? Seid doch froh, dass nicht alle eingeschlafen sind, dass noch jemand auf die Straße geht.« Es gibt in der Bürgerschaft noch eine gewisse Kraft. Menschen sind unzufrieden und darüber müssen wir reden, darüber müssen wir auch streiten. Aber wir können nicht in Panik geraten und sagen: Oh Gott, jetzt geht jemand auf die Straße.

Ich komme aus Rumänien, bin dort aufgewachsen und war als Student 1989 auch auf der Straße. Das war nicht friedlich und das kann man nicht vergleichen mit dem, was jetzt in Dresden passiert. In Dresden wollen die Leute etwas zum Ausdruck bringen, das haben sie gemacht und damit müssen wir umgehen als Demokraten.

Zum Thema Bürgerbeteiligung: Wir haben viele Möglichkeiten mitzuentscheiden, aber die Prozesse dauern sehr lange. Das ist es, was die Bürger nervt: Sie haben keine Geduld mehr, sie wollen keine Ausreden mehr hören, sie wollen einen starken Staat, der schnell entscheidet. Aber so darf es nicht sein. Ich bin in einer Gesellschaft großgeworden, in der die Entscheidungen ganz schnell getroffen wurden und so eine Gesellschaft will ich nicht wieder haben. Wir Politiker wissen, warum die Prozesse so lange dauern: Weil wir alle Entscheidungen durch zig Ausschüsse schleifen und Anhörungen durchführen müssen, bis der Entwurf am Ende im Landtag ist. Deswegen dauert es manchmal ewig, ein Gesetz auf den Weg zu bringen. Die Frage ist, ob das ein schlechter Weg ist. Ich finde es nicht schlecht. Manche Entscheidungen sollten wir versuchen zu beschleunigen. Zu schnell darf es aber nicht gehen, denn sonst sind wir nicht mehr in der Demokratie und so einen Gesellschaftsvertrag will ich nicht haben.

Ich denke nicht, dass wir durch die Einführung plebiszitärer Elemente auf Bundesebene diese Probleme beheben und zu besseren Entscheidungen kommen. Man muss sich anschauen, in welchem System wir leben. Wir leben in einer repräsentativen Demokratie, das heißt als Abgeordneter bin ich in meinem Wahlkreis von einer Mehrheit der Bürger im Wahlkreis gewählt worden. Sie haben mich gewählt, weil sie von unserem Programm und von meiner Person überzeugt waren. Deswegen entscheide ich mit meinen Kollegen zusammen im Landtag über die Gesetze. Natürlich kann man das über Volksentscheide machen, aber was ist die Folge? Was passiert beispielsweise in der Schweiz? Es gehen immer weniger zu den Wahlen. Am Ende entscheidet eine Minderheit über ein Gesetz, das auch für die Mehrheit sehr wichtig wäre.

In meinem Wahlkreis in Görlitz haben wir mit Bürgerräten eine breite Bürgerbeteiligung installiert. Es ist interessant zu beobachten, dass manche Bürgerräte funktionieren und manche nicht, weil nicht genug Leute bereit sind, sich zu engagieren. Es ist sehr unterschiedlich in den Gesellschaften. Wir müssen für mehr Beteiligung werben, denn es gibt nicht viele Leute, die sich auf Dauer für etwas engagieren wollen.

Beim Gesellschaftsvertrag gibt es auch eine soziale Verantwortung von Seiten der Industrie. In Görlitz hatten wir in den letzten sechs Monaten eine lange Diskussion zum Standort Siemens. Das war sehr aufreibend für die Gesellschaft und für uns als Politiker vor Ort. Wir haben versucht, verschiedene Diskussionsprozesse in Gang zu bringen, nicht nur mit den Konzernen, sondern auch mit den Mitarbeitern, den Gewerkschaften, der Stadtgesellschaft und den Kirchen. Das war beispiellos, fast jede Woche gab es neue kreative Ideen. Was war das Ergebnis? Der Vorstandsvorsitzende von Siemens hat angekündigt, dass der Standort Görlitz nicht geschlossen, sondern als Weltzentrale für Turbinenbau ausgebaut wird. Das ist ein Beispiel für einen Gesellschaftsvertrag zwischen verschiedenen Schichten der Gesellschaft und der Industrie. Als wir angefangen haben, für den Standort Görlitz zu kämpfen, mit unseren Mitteln, mit unseren Möglichkeiten, kam sofort die Reaktion – auch bei facebook und in den sozialen Medien: »Ach, das könnt ihr doch gleich lassen! Da passiert sowieso nichts.« Aber man muss durchhalten, um am Ende ein Ergebnis zu erzielen. Wir können auch alles lassen und nichts machen und warten, dass irgendwas passiert, aber ich glaube nicht, dass das der Weg ist. Jeder muss seinen Weg finden, jeder mit seinen Mitteln, mit seinem Können, aber dass wir etwas machen müssen, das ist die Grundvoraussetzung für einen Gesellschaftsvertrag.

Frank Richter

—— UND DENNOCH HOFFNUNG
VERSUCH EINES SCHLUSSWORTES

Das Schlusswort kann kein abschließendes sein, aber ein paar Gedanken meinerseits zu dem, was heute hier in der Frauenkirche stattgefunden hat. Herr Freytag und ich haben uns in der Vorbereitung dem
Begriff Gesellschaftsvertrag angedient. Wer macht mit wem, wann und
warum einen Vertrag? Am Ende dieses Symposiums steht fest: Wir müssen neu denken. Denn das kleine, ausschließlich historische, vielleicht
auch nur auf das nationale oder das staatliche bezogene Gesellschafts-
vertragsdenken stieß heute andauernd an seine Grenzen. Weil darüber
hinaus gedacht werden muss. Nicht nur weil viele Menschen aus aller
Herren Länder hier zu uns kommen, sondern weil das, was wir hier tun
für Menschen aller anderen Herren Länder relevant ist. Und allein ein
Begriff wie ›Eine-Welt-Innenpolitik‹ – die man meiner Meinung nach
bräuchte und wir sind weit entfernt von ihr – bringt mich auf den
Gedanken, dass hier dringend weiter nachgedacht werden muss.

Ein weiterer Gedanke: Der Osten Deutschlands kann nicht einfach so
unbeschwert von der offenen, liberalen Gesellschaft reden. Und er kann
auch nicht einfach so das Grundgesetz als gegeben hinnehmen. Nach
der friedlichen Revolution '89, zu Beginn des Jahres 1990, flackerte kurz
die Debatte auf, ob wir nicht jetzt auch eine neue Verfassung bräuchten.

Ich hätte mir nicht nur eine neue Verfassung, sondern auch eine neue
Hymne gewünscht. Einfach um deutlich zu machen: Jetzt beginnt für
die Deutschen insgesamt etwas Neues. Brechts Kinderhymne »Anmut

sparet nicht noch Mühe / Leidenschaft nicht noch Verstand / daß ein gutes Deutschland blühe / wie ein andres gutes Land«, was hätte das für uns alle gemeinsam bedeutet?

Es hat über das Grundgesetz gesamtdeutsch nie eine Volksabstimmung gegeben. Ich würde das Grundgesetz jederzeit verteidigen. Ich halte es für die beste gesellschaftliche und politische Ordnung, die Deutschland je hatte. Aber ihr fehlt diese basale Legitimation und das hängt uns hier im Osten nach. Wir sind hier in Dresden nicht in Westeuropa, sondern in Mitteleuropa, und Mitteleuropa hat kulturell, historisch, politisch und ökonomisch in vielerlei Hinsicht ganz andere Konnotationen. Und wenn Sie nach dem dritten Bier in einer Dresdner Kneipe einmal mit den Einheimischen reden und fragen, was es in ihren Augen bedeutet, dass aktuell gerade wieder über die A4 deutsche Panzer an die litauische Grenze transportiert werden, dann wird es möglicherweise ein ungemütlicher Abend für Sie. Mitzudenken ist nämlich, dass die Gesellschaft der untergegangenen DDR eine Gesellschaft war, in der und über die zwei ideologisch aufgeladene Diktaturen unmittelbar nacheinander herrschten; Diktaturen, die sich durch einen quasi-religiösen Anspruch zu legitimieren gesucht hatten. Dem »Heil Hitler« folgte nach einer kurzen Phase des Übergangs die Verheißung des Kommunismus, der für sich in Anspruch nahm, die einzige wissenschaftliche Weltanschauung zu sein und über die Kenntnis zu verfügen, auf welchem Weg und mit welchen Mitteln die Menschheit in den endgültigen und umfassenden Zustand individuellen und gesellschaftlichen Glücks zu führen sei. Ich wundere mich darüber, dass sich viele darüber wundern, wie wenig tief die Wurzeln der Demokratie ins ostdeutsche Erdreich eingedrungen sind. Wann hätten sie denn eindringen sollen?

Ich empfehle von Herzen die Studie von Olaf Jacobs *Wer beherrscht den Osten?* zur überschichteten ostdeutschen Gesellschaft. Die erste, zweite und dritte Chefetage in Ostdeutschland, in Wirtschaft, Politik, Verwaltung, Justiz, Kultur, Medien, Wissenschaft und Bundeswehr, besteht zu 70–80 % aus Funktionsträgern, die aus Westdeutschland gekommen sind. Dieser Transfer von Eliten war Anfang der 90er Jahre im Prinzip akzeptiert, trotz mancher Verwerfungen, die es auch gab. Darin liegt nicht das Problem. Das Problem liegt in der Perpetuierung dieses Phänomens. Ganz böse gesagt: Westdeutsche ziehen Westdeutsche hinter sich her. Es gilt nicht, dieses Phänomen zu personalisieren oder zu moralisieren. Davon bin ich weit entfernt. Aber es gilt, dies als Sachverhalt zur Kenntnis zu nehmen und die Konsequenz wahrzunehmen, dass die Akzeptanz einer politischen und gesellschaftlichen Ordnung natürlich darunter leidet, wenn die Funktionsträger dieser gesellschaftlichen Ordnung mehrheitlich von anderswo herkommen. Wenn der andere Transfer von jungen, gut ausgebildeten Leuten – der stattgefunden hat und nach wie vor stattfindet – von Ost nach West, auch dazu geführt hätte, dass diese Leute im Westen in den Chefetagen landen, könnte man darüber noch einmal anders denken. Hier haben wir Nachholbedarf.

Vielleicht ein letzter Gedanke dazu. Eines der schönsten deutschen Worte: Treuhand, ist zum pejorativsten Begriff im Osten geworden. Hier braucht es eine Aufarbeitung, die noch sehr lange dauern wird. Sie hat angefangen, es gibt durchaus einige Arbeiten, die ich für respektabel halte, aber aufs Ganze gesehen leidet die Gesellschaft im Osten noch immer unter dem, was unter diesem Namen geschah.

Und was ist nun Hoffnung? Mein Begriff dazu ist der »Unheilsprophet«. Der hat im Alten Testament eine Funktion: Er kündigt die Apokalypse an, das Unheil. Warum? Damit sie nicht kommt. Und wir haben eine Reihe von Unheilspropheten im Alten Testament, die genau diese Funktion erfolgreich erfüllt haben. Ich plädiere ausdrücklich dafür, dass die Unheilspropheten zu Wort kommen. Dass sie auch möglicherweise viel dunkler malen, als es ohnehin ist, weil sie hoffentlich gerade deswegen dazu beitragen, dass das von ihnen beschriebene Unheil nicht eintritt.

Auf eine ganz eigenartige Weise fühle ich mich in den vergangenen zwei, drei Jahren wie 1987/88 hier in der DDR. Ich habe das Gefühl, dass Dinge so verkrustet, überschichtet und undurchdringlich sind, dass es ganz neuer Ansätze bedarf. Als wir hier im Osten 1987/88 uns auf den Weg gemacht haben, auf der Basis von ganz unten neu zu politisieren, wussten wir nicht, dass 1989 kommen würde. Und wie 1989 kommen würde. Und wieviel Glück wir 1989 haben würden. Wir haben eigentlich wider die Hoffnung angefangen zu politisieren. Das Keyword der ökumenischen Versammlung 1988 hieß *Eine Hoffnung lernt gehen*. Unter dieser Überschrift hat man sich in ganz basalen Gruppen zusammengefunden und einfach begonnen, all die politischen Dinge, von denen man damals zu Recht glaubte, dass die Regierenden sie nicht mehr wirklich beherrschen, von der Basis her neu zu denken.

Aufgrund der Erfahrung der DDR wissen wir, dass wir einfach anfangen müssen. Die Gesellschaft – so problematisch das an den Rändern auch sein kann – hat sich seit ungefähr drei, vier Jahren in einer Weise politisiert, dass solche Debatten wie heute, die vor fünf Jahren noch ausgesprochen langweilig gewesen wären, wieder geführt werden und zwar auf ganz unterschiedlichen Ebenen. Das ist für mich ein Hoffnungszeichen. Dabei entstehen Beziehungen und dabei geht es plötzlich persönlich zu, und Menschen, die sonst kaum beieinander sind, stellen sich nebeneinander und beginnen sich erneut wieder als wichtige Zeitgenossen zu erkennen.

Ein letzter Gedanke. Ein Erklärungsmuster, welches ich mir habe einfallen lassen, um diese Frauenkirche zu erklären: Diese Frauenkirche hatte vor 250 Jahren ihren Palmsonntag. Da ist sie hier in der Stadt begrüßt worden wie der Heiland selbst und ist gefeiert worden. Diese Frauenkirche hatte ihren Gründonnerstag, der für Verleugnung und Verrat steht. Hier in dieser Kirche ist in einer Weise nationalsozialistisch gepredigt worden, wie Sie es sich nicht vorstellen wollen. Diese Frauenkirche hatte ihren Karfreitag. Das war der 15. Februar 1945, zwei Tage nach dem Bombardement fiel sie in sich zusammen. Diese Frauenkirche hatte ihren Karsamstag, der dauerte 47 Jahre. So lange stand die Ruine mitten in der Stadt, mitten in der Geschichte. Eine offene Wunde. Den Denkmalpflegern ist es zu verdanken, dass der Trümmerberg nie weggeräumt wurde. Irgendwann würden wir diesen Trümmerberg noch einmal brauchen. Diese Frauenkirche hatte ihren Ostersonntag. Jetzt warten wir übrigens auf Pfingsten. Was ich sagen will: Wenn ich mitten im Karsamstag stecke, weiß ich nicht, ob Ostern kommt. Und wenn ja, wann. Wenn ich mitten im Karsamstag stecke, dann schaue ich auf den Karfreitag und sehe: Alle Hoffnungen sind kaputt. Kommt nochmal etwas? Kommt nochmal etwas Schönes? Das weiß ich an diesem Punkt nicht. Ich glaube, dass wir in vielfacher Hinsicht, in dieser Gesellschaft und auch mancher persönlich, mitten im Karsamstag stecken. Und was macht man am Karsamstag? Manche beschleunigen die Geschwindigkeit ihrer sinnlosen Tätigkeit. Andere lernen vielleicht das Aushalten und das Abwarten, das Beieinanderbleiben, das Nichtauseinanderlaufen, das Offenwerden und das Miteinanderringen um das, was jetzt passieren kann. Mich tröstet diese Metapher vom Karsamstag. Ich weiß nicht, ob sie stimmt, aber sie hilft mir und ich hoffe, sie kann auch uns helfen, beieinander zu bleiben und trotz aller Diffusität mancher Debatten die Hoffnung nicht zu verlieren.

BIOGRAPHISCHE ANGABEN

Aleida Assmann

Anglistin, Ägyptologin, Literatur- und Kulturwissenschaftlerin; geb.
1947 in Bethel bei Bielefeld; 1966–1972 Studium der Anglistik und
Ägyptologie in Heidelberg und Tübingen; 1993–2014 Professorin für
Anglistik und Allgemeine Literaturwissenschaft an der Universität Konstanz; zahlreiche Gastprofessuren u. a. in Houston, Princeton, Yale,
Chicago und Wien; Forschungsschwerpunkt: kulturwissenschaftliche
Gedächtnisforschung; zuletzt erschienen: *Formen des Vergessens*
(2016), *Menschenrechte und Menschenpflichten. Schlüsselbegriffe für
eine humane Gesellschaft* (2018), *Der europäische Traum. Vier Lehren
aus der Geschichte* (2018); lebt in Konstanz.

Marcel Beyer

Schriftsteller; geb. 1965 in Tailfingen; 1987–1991 Studium der Germanistik, Anglistik und der Allgemeinen Literaturwissenschaft an der Universität Siegen; Auseinandersetzung mit der deutschen Geschichte in
Lyrik, Essays und Romanen, u. a. in den Romanen *Flughunde* (1995) und
Kaltenburg (2008) und im Essay *Das blindgeweinte Jahrhundert* (2017);
2008 Writer in Residence am Max-Planck-Institut für Wissenschaftsgeschichte in Berlin-Dahlem; 2015 Fellow am Forscherkolleg *BildEvidenz*
der FU Berlin; 2016 Georg-Büchner-Preis; designierter Preisträger des
Lessing-Preises des Freistaates Sachsen 2019; Mitglied der Sächsischen Akademie der Künste; lebt in Dresden.

Werner Bohleber

Psychoanalytiker; geb. 1942 in Herbolzheim/Breisgau; Studium der
Evangelischen Theologie, Philosophie und Psychologie in Heidelberg
und Tübingen; seit 1981 eigene Praxis als Psychoanalytiker; Lehranalytiker der Deutschen Psychoanalytischen Vereinigung (DPV); 1997–2017
Herausgeber der Zeitschrift PSYCHE; Auseinandersetzung mit der

psychoanalytischen Erforschung der nationalsozialistischen Vergangenheit, Fremdenhass und Antisemitismus, sowie Terrorismus; 2007 Mary S. Sigourney Award; lebt in Frankfurt am Main.

Holk Freytag

Dramaturg, Regisseur und Intendant; geb. 1943 in Tübingen; 1964–1969 Studium der Theater- und Musikwissenschaften an der Universität Köln; 1975 Gründung des Schloßtheaters Moers (bis 1988 Intendant); 1988–1996 Generalintendant der Wuppertaler Bühnen; 1996–2001 Schauspielintendant des Schillertheaters Nordrhein-Westfalen; 2001–2008 Intendant des Staatsschauspiels Dresden; Mitglied der Sächsischen Akademie der Künste; 2007–2008 Mitglied im Sächsischen Kultursenat; 2010–2014 Intendant der Bad Hersfelder Festspiele; seit 2017 Präsident der Sächsischen Akademie der Künste; lebt in Bad Hersfeld und Dresden.

Peter Geist

Literaturwissenschaftler; geb. 1956 in Greifswald; 1975–1979 Studium der Germanistik an der Karl-Marx-Universität Leipzig; 1986/87 Lektor für deutsche Sprache und Literatur an der Universität Cluj-Napoca (Rumänien); 1987 Promotion; 1987–1996 Wissenschaftlicher Assistent am Lehrstuhl für Neuere deutsche Literaturgeschichte der Universität Leipzig; 1998–2001 Mitarbeiter am Literaturforum Brecht-Haus Berlin; Mitglied der Sächsischen Akademie der Künste; seit 2002 freiberuflich; Lehrbeauftragter der Universitäten Potsdam und Halle-Wittenberg; 2018/2019 Fellow an der Universität Trier; lebt in Berlin.

Wolfram Günther

Politiker (MdL Bündnis 90/Die Grünen); geb. 1973 in Leipzig; 1994–2003 Studium der Rechtswissenschaften in Leipzig; 1996–2003 Studium der Kunstgeschichte, der Kulturwissenschaften und der Philosophie in Leipzig und Berlin; seit 2004 selbstständiger Rechtsanwalt in Leipzig; seit 1997 Mitglied bei Bündnis 90/Die Grünen; seit 2013 Sprecher des Kreisverbandes Mittelsachsen; seit September 2014 Mitglied des Sächsischen Landtags; Sprecher des Stadtforums Leipzig; lebt in Schwarzbach bei Königsfeld.

Katja Kipping

Politikerin (MdB Die Linke); geb. 1978 in Dresden; Studium der Slawistik, Amerikanistik und Rechtswissenschaft an der Technischen Universität Dresden; seit 1998 Mitglied der PDS (später Die Linke); seit 2008 Redakteurin und Mitherausgeberin des Magazins *Prager Frühling*; seit 2012 Bundesvorsitzende der Partei Die Linke (gemeinsam mit Bernd Riexinger); Gründungs- und Vorstandsmitglied des Instituts Solidarische Moderne e.V.; sozialpolitische Sprecherin der Linksfraktion; lebt in Berlin und Dresden.

Daniela Kolbe

Politikerin (MdB SPD); geb. 1980 in Schleiz; Studium der Physik an der Universität Leipzig; 2004–2009 Vorsitzende der Leipziger Jusos; 2006–2014 stellvertretende Vorsitzende der SPD Leipzig; seit 2009 Mitglied des Deutschen Bundestags; seit dem 7. November 2015 Generalsekretärin der SPD Sachsen; stellvertretende Vorsitzende des Kuratoriums der Bundeszentrale für politische Bildung; Mitglied der Grundwertekommission der SPD; lebt in Leipzig.

Maximilian Krah

Politiker (AfD); geb. 1977 in Räckelwitz bei Bautzen; Jurastudium und Promotion in Dresden; Studium der Betriebswirtschaft in London und New York; seit 2005 Rechtsanwalt in Dresden; 1991–2016 Mitglied der CDU (zuletzt Mitglied im Kreisvorstand Dresden und Vorsitzender des Ortsverbandes Zschachwitz); seit 2016 Mitglied der AfD; seit Januar 2018 stellvertretender Landesvorsitzender der AfD Sachsen; lebt in Dresden.

Frank Richter

Theologe; geb. 1960 in Meißen; Studium der Theologie in Erfurt und Neuzelle; 1989 Gründung der Gruppe der 20; 1994–1996 Jugendseelsorger in Dresden-Meißen; 1997–2001 Pfarrer in Aue; 2001–2005 Referent für Religion und Ethik in Radebeul; 2005 Laisierung und Wechsel zur Altkatholischen Kirche; 2006/07 Pfarrer in Offenbach; 2009–2016 Direktor der Sächsischen Landeszentrale für politische Bildung; 2011–2013 Moderator der Arbeitsgruppe 13. Februar; 2017/18 Geschäftsführer der Stiftung Frauenkirche; lebt in Meißen.

Jörn Rüsen

Historiker und Kulturwissenschaftler; geb. 1938 in Duisburg; Studium der Geschichte, Philosophie, Literaturwissenschaft und Pädagogik an der Universität Köln; Professuren an den Universitäten Braunschweig, Berlin (FU), Bochum und Bielefeld; Professor emeritus an der Universität Witten/Herdecke; Gründungspräsident (1997–2007) und Senior Fellow am Kulturwissenschaftlichen Institut in Essen; Forschungsschwerpunkte: Theorie und Geschichte der Geschichtswissenschaft, Geschichtsbewusstsein und historisches Lernen, Geschichtskultur, Humanismus im Kulturvergleich; Publikationen u. a.: *Perspektiven der Humanität* (2010), *Historik. Theorie der Geschichtswissenschaft* (2013); lebt in Bochum.

Ingo Schulze

Schriftsteller; geb. 1962 in Dresden; 1983–1988 Studium der Klassischen Philologie und Germanistik an der Universität Jena; Mitglied der Sächsischen Akademie der Künste; Auseinandersetzung mit den Veränderungen und Krisen unserer Gesellschaft, z. B. in den *Thesen gegen die Ausplünderung der Gesellschaft* (Süddeutsche Zeitung 2012) und der Dresdner Rede *Wider die marktkonforme Demokratie* (2012), sowie der deutschen Wiedervereinigung und ihrer Folgen, z. B. im Roman *Peter Holtz* (2017); lebt in Berlin.

Octavian Ursu

Politiker (MdL CDU); geb. 1967 in Bukarest; 1986–1994 Studium der Musik und Pädagogik in Bukarest und Düsseldorf; 1998–2014 Dozent an der Hochschule für Kirchenmusik und an der Musikschule »J. A. Hiller« in Görlitz; seit 2009 Mitglied der CDU; seit 2010 Vorsitzender des CDU-Stadtverbandes Görlitz; seit 2011 Mitglied des CDU-Kreisvorstandes Görlitz; seit 2009 Stadtrat und stellvertretender Fraktionsvorsitzender im Stadtrat Görlitz; seit September 2014 Mitglied des Sächsischen Landtags; lebt seit 1990 in Görlitz.